JN058234

神話と歴史で巡る
ハワイの聖地

新井 朋子

はじめに

　これまで 30 年以上、ハワイの神話や歴史の舞台になった場所を地図で確認し、実際にその場所に行くということをライフワークにしてきました。そしてこの「地図を片手に神話を読む」ことを、長年、講座や書籍、雑誌等でお伝えしています。

　ペレやヒイアカが立ち寄った同じ場所を訪れて、女神たちはいったいどんな気持ちだったのだろうと思いを巡らせることで、よりペレやヒイアカを身近に感じられるような気がするのです。

　それは歴史についても同じです。リリウオカラニ女王が見

たであろう同じ景色を眺めてみたいのです。

　この思いは、日本にいるから余計に募るのかもしれません。ハワイを愛する日本のみなさんも、きっと同じ思いをお持ちではないでしょうか。

　数えきれないほどハワイに行かれている方にも、いつか行ってみたいと思っている方にも、本書がハワイの神話と歴史をもっと知りたくなるきっかけになれば、これほど嬉しいことはありません。

新井 朋子

本書の使い方

　ハワイの島ごとに、神話や歴史にまつわる場所を紹介しています。歴史にゆかりのある場所は、昔のハワイアンの暮らしや、ハワイの王や女王に関係するところになります。

　どの場所も聖地であり、ハワイの人たちにとってとても大切な場所ですので、禁止されているところに立ち入ったり、直接石などに触れたりしないでください。その場所にあるものはすべてそのままの状態にしておいてください。海岸などの石や砂などを採取することは違法です。持ち帰ってはいけません。

　聖地には最大限の敬意をはらい、静かに謙虚な気持ちで、遠くから見学させてもらいましょう。私有地にある場合は道路から見学させてもらうか、必ず許可を得てください。またはカフナ（神官）やその地を管理されている方の指示に従ってください。

　またそのスポットに行くことにだけこだわらないでください。その近くに行かせてもらうことや、その近くの土地の風や光を感じることが大切だと考えます。

　時間の経過とともに情報の変更が生じている場合があります。施設などの入場にはあらかじめ予約が必要な場所や規制もありますので、必ず事前にご確認ください。またレンタカーで行かれる場合は保険がカバーされていない場所もありますので事前にレンタカー会社で確認してください。公共機関で

行けない場所やひと気のない場所は現地のツアーガイドと行くようにしてください。

　もともとハワイには文字で書いて残す習慣がなく、口承により伝える文化だったので、神話や昔の歴史についてはさまざまな説があり、地名、人名、年月日なども話によって異なります。本書でご紹介したものはあくまでもひとつの例となります。ハワイ語表記と、ハワイ語の日本語表記についても、いろいろな説のうちの一例となります。ハワイ語を日本語表記する場合は、発音通りではなく、一般的な表記に変えている場合があります。また、神話の登場人物や歴史上の人物には異なる場所で、同じストーリーをベースにしたエピソードがあります。そのため内容が重複する箇所があります。また、神話では話ごとに血縁関係などが異なる場合があります。

　本書の情報は現地に設置されている説明書き、現地のパンフレット、米国国立公園やハワイ州観光局のウェブサイト、または巻末の書籍等を参考にしました。解釈や見解の相違がある場合もございますので、あらかじめご了承ください。

　本書に掲載された情報をもとにとられた行動はすべて自己責任となります。著者ならびに出版社は本書の情報をもとにとられた行動で生じた一切のことについて責任を負いかねますことをあらかじめご了解の上、ご利用ください。

ハワイ島
Big island

Hawai'i

Kilauea
Volcano

Hawai'i

Maui

Moloka'i

Lāna'i

O'ahu

Kaua'i

01 キラウエア火山 & ハレマウマウ火口
Kīlauea & Halema'umau

キラウエア火山は世界でも有数の活火山。常に溶岩が流出し、日々島が成長しています。キラウエア・カルデラや溶岩台地はあまりにも巨大で圧倒されるほど。ここが島であることを忘れてしまいます。直径4km以上あるキラウエア火口の中に、直径1kmのハレマウマウ火口があるのですが、そのハレマウマウ火口に、火山の女神ペレがすんでいると言われています。

ここはペレがカヒキと呼ばれる神々の国から旅をして、ようやく見つけた終の住処。ハワイ神話の中で最も有名なペレと妹ヒイアカの神話の舞台でもあります。(19ページ、神話コラム参照)。フラダンサーやハワイ神話に興味のある方なら、一度は訪れたい聖地ですね。

ここはハワイの人々にとってとても神聖な場所。毎年ハワイ島ヒロで開催されるフラの祭典メリー・モナークの前には多くのハーラウがペレに挨拶に来ることでも知られています。

キラウエアを訪れたら、足元を注意して見てください。キラキラと光る金色の極細の針のようなものに気づくでしょう。それは「ペレの髪の毛」と言われています。ほかにも「ペレの涙」と言われる小さなティアードロップ型の溶岩もたくさん見つけることができます。

2018年の噴火ではハレマウマウ火口内に溶岩湖が出現し、東部のカポホの町が溶岩流に襲われました。以来、カルデラ周辺の道路の一部、火口内のトレイル、ジャガー・ミュージアムなどは閉鎖されているので事前にビジターセンターで確認してください。

時間があれば、近くにあるサーストン・ラバ・チューブという溶岩が流れ去ったあとにできた溶岩トンネルもぜひ訪れてみてください。

【MEMO】
ヒロから車で約1時間、カイルア・コナから車で約2時間半。車1台ごとに国立公園入場料がかかります。サーストン・ラバ・チューブはキラウエア・カルデラの東にあります。

Hawai'i Volcanoes National Park
https://www.nps.gov/havo/index.htm

[神話]

02 溶岩台地 & ペレの横顔
Lava field & Goddess Pele

Hawaiʻi

Maui

Molokaʻi

Lānaʻi

Oʻahu

Kauaʻi

　キラウエアを訪れたら、ぜひ広大な溶岩台地でそのエネルギーを感じてきてください。黒くきらめく美しい溶岩の造形美には特別なものを感じます。でもその美しさに魅了されても、決して持ち帰ってはいけません。溶岩そのものがペレの化身。勝手に持ち帰れば禍が起こると言われています。それはペレが恐ろしいのではなく、聖地にあるものを自分勝手に持ち帰る無礼な態度が問題なのです。

　溶岩には2種類あります。表面が滑らかなものはパーホエホエ溶岩、ごつごつしたものはアアー溶岩です。

　さらに足を伸ばして海へと続くチェーン・オブ・クレーターズ・ロードに向かいましょう。道の両側には見渡すかぎり溶岩台地が広がります。その途中にあるのが「ペレの横顔」。自然の造形物ですが、ペレの横顔にしか見えませんね。残念ながら風雨にさらされて近年は崩れかけていますが、それも自然の理なのでしょう。

【MEMO】
チェーン・オブ・クレーターズ・ロードを海に向かう途中の右手にあります。ケアラ
コモ展望台の手前ですが、目印になるものはありませんのでご注意ください。

Hawai'i

Maui

Moloka'i

Lāna'i

O'ahu

Kaua'i

03 プウロア・ペトログリフ
Pu'uloa Petroglyphs

　キラウエア火口から、海に向かうチェーン・オブ・クレーターズ・ロードをだいぶ下ったところでペトログリフをたくさん見ることができます。

　ペトログリフとは溶岩や岩の上に掘ったり描いたりした絵のこと。人間の姿、渦巻き、穴、動物、カヌーなど種類もさまざまです。ハワイには文字がなかったので、かつてのハワイアンの生活を物語るペトログリフはとても貴重です。

　プウロアとはハワイ語で「長い丘」という意味ですが、丘は命を表す言葉でもあるので、長生きという隠れた意味もあったようです。昔は子どもが生まれると、この場所の溶岩に穴を掘って子どもの臍の緒を隠し、上から石を乗せてネズミなどに取られないようにしていたそうです。臍の緒を隠したと考えられている穴が16,000個も発見されています。

　ここはペトログリフがたくさん集中している場所で、それらを保護するのために木製の歩道から巡るようになっています。歩道以外のところにもペトログリフがあるので、踏みつけないように注意してくださいね。木陰がまったくありません。炎天下にずっといることになるので、帽子や水を忘れずに携帯してください。

【MEMO】
キラウエアからチェーン・オブ・クレーターズ・ロードを海に向かって下っていくと
左手に「Puʻuloa Petroglyphs」のトレイルを示す標識があります。車を停めて片道
30分ほど歩きます

Hawai'i

Maui

Moloka'i

Lāna'i

O'ahu

Kaua'i

神話

04 クムカヒ岬
Cape Kumukahi

　ハワイ島最東端にあるクムカヒ岬は、ハワイ諸島の中で一番早く太陽が昇る場所です。見渡す限り黒い溶岩に覆われた風景はとても印象的。ここには太陽の門といって、2つの大きな溶岩の固まりが向かい合うように立っています。この門の間から昇る太陽にチャントを捧げ、太陽の最初の光を受けて病を癒す儀式が行われます。

　この地は伝説の国カヒキからやってきたクムカヒという男の名前から付けられたそうです。クムカヒには2人の妻がいて、その2人が石に姿を変えて太陽の門になりました。そのうちの1人の名前をとって「ハエハエの門」とも呼ばれます。この2人の妻が、自分たちの間で太陽を自在に動かして季節を司っているのだそうです。

　ほかにも神々がはじめてハワイに降り立ったとも、ハワイに移住してきた人たちが最初に上陸したとも伝えられています。

　またつぎのような神話もあります。クムカヒというチーフがゲームをしていたところに、ひとりの老婆がやってきて仲間に加えてほしいと言いましたが、彼は相手にせずに無視しました。実はその老婆は姿を変えたペレでした。ペレは無礼な扱いに怒り、溶岩を流してクムカヒを殺してしまったということです。

【MEMO】
ヒロから130号線を南下し、途中132号線を左折したつきあたり。車を止めて
溶岩台地を歩いていきます。溶岩台地は裂け目や穴があり、薄くて踏み抜いてし
まう場合があるので十分に注意してください。現地のツアーガイドと一緒に行く
ことをお勧めします。

Hawaiʻi

Maui

Molokaʻi

Lānaʻi

Oʻahu

Kauaʻi

◎ 神話コラム　火山の女神ペレ

　ハワイには八百万の神々がいますが、その中でも火山の女神ペレ
は特別な存在です。

　ペレはキラウエア・カルデラの中にあるハレマウマウ火口に住んで
いるといわれています。その性格は火山のごとく激しく情熱的。そ
の怒りに触れる者があらわれると溶岩を流して破壊すると伝える神
話がたくさんあります。その話だけを聞くと恐ろしい女神のようで
すが、とても愛情深く、ときに兄や妹の意見に従っていさぎよく負け
を認めたりする一面もあります。

　現在でもハワイの人々はペレの存在を信じています。ペレの大地
の上で生かされていて、噴火はペレの意思だと受け入れる人も多い
そうです。毎年ハワイ島ヒロで開催されるフラの祭典メリー・モナー
クに出場するフラのハーラウは、ペレの住む火口に供物を捧げフラを
奉納してから大会に臨みます。

　女神ペレは溶岩流を流してすべてを破壊する荒々しさと、大地を
創造し、生命の営みを育む愛情深さをあわせもつ大自然そのものな
のです。

◎ 神話コラム　ペレの旅

　はるか遠くに神々が住むカヒキという場所がありました。そこに住んでいた女神ペレは、あるとき旅に出る決意をします。兄カモホアリイが用意してくれたカヌーに、まだ卵の状態だった妹ヒイアカを大切に胸に抱いて乗り込みました。妹や弟や親せきたちも同行し、母ハウメアが起こしてくれた大きな波にのってハワイにやってきました。

　ペレが旅に出た理由にはさまざまな説があります。姉ナマカオカハイの夫との浮気がばれてカヒキにいられなくなった、カヒキで大火事を起こしてしまいカヒキにいられなくなった、夫と妹が駆け落ちをしたのでそのあとを追ってきたなどです。

　ペレを乗せたカヌーは、住む場所を求めて、ハワイ諸島の西から順番に島を巡るのですが、なかなかいい場所がありません。ペレは火山の女神なので、火を燃やし続けられる深い火口が必要で、それに適した場所が見つからなかったのです。

　ペレはカウアイ島からオアフ島、マウイ島と旅を続け、最後に最も東にあるハワイ島のキラウエア・カルデラの中にあるハレマウマウ火口に安住の地を見つけたのでした。そして今でもそこで火を燃やし続けていると言われています。

Hawai'i

Maui

Moloka'i

Lāna'i

O'ahu

Kaua'i

◎ 神話コラム　オヒアレフアの伝説

　オヒアというハンサムな若者がペレのいるキラウエアの近くを通りかかりました。彼を一目見るなり気に入ったペレは、彼の前に現れて、「わたしの夫になりなさい」と言いました。

　オヒアにはレフアという婚約者がいたので、ペレの申し出を受けるわけにはいきません。オヒアがそれを断ると、ペレは烈火のごとく怒りました。

「わたしに逆らうとは許せない！」

　ペレは溶岩を流して、オヒアを殺してしまいます。

　その後、婚約者のレフアは変わり果てた恋人を見て悲しみに暮れました。その姿を見て、ペレは後悔し、オヒアを木に、レフアをその木に咲く花へと変えました。2人の恋人はいつまでも離れることなくひとつになりました。そのためオヒアレフアの木はごつごつした男性的な幹に、可憐な女性的な花をつけるのだと言われています。

　ハワイでは「レフアの花を摘むと雨が降る」と言われますが、それは2人の恋人が引き裂かれて涙を流すからだそうです。

mo'o

Hawai'i

Maui

Moloka'i

Lāna'i

O'ahu

Kaua'i

神話

05 パナエヴァの森
Pana'ewa

　火山の女神ペレには何人もの妹がいますが、その中で一番のお気に入りは末っ子のヒイアカです。神々の住むカヒキから、まだ卵の状態だったヒイアカを胸に抱えて旅を続けてきたので、愛情もひとしおだったのでしょう。

　ある時、ヒイアカは姉ペレの命令でハワイ島からカウアイ島へ、姉の夫ロヒアウを迎えに行く旅に出ます。この旅は、モオと呼ばれるトカゲの姿をした怪物と幾度となく戦いを強いられる危険なものでした。もっとも有名なのはパナエヴァの森での戦いです。

　ヒイアカはキラウエアを出発し、お供のパウオパラエとワヒネオマオと一緒に島の東海岸沿いを北上して、ヒロの手前の道がふた手に分かれるところにやってくると、迷わず山の中を通る近道を選びました。そこにはパナエヴァというモオが住んでいて、自分の領地に入ってくる者は誰かれ構わず襲いかかるのでした。

　ヒイアカ一行が山に入ると、すぐにパナエヴァは攻撃を仕掛けてきました。ヒイアカは戦いのチャントを唱え、雷や稲妻を呼び寄せて応戦します。パナエヴァは仲間と一緒にヒイアカたちに襲いかかります。

　ヒイアカは魔法のパウ（スカート）で次々と敵を倒していきましたが、モオたちの圧倒的な数の多さに苦戦していました。そこでパウオパラエが助けを求めるチャントを唱えると、ヒイアカの兄や姉たちが駆けつけてくれました。ヒイアカにとってのはじめての戦いは兄や姉たちの加勢があって勝利を手にすることができたのです。

　この有名な話の舞台になったところがパナエヴァです。パナエヴァ熱帯動物園の園内は緑が豊かでパナエヴァの森を肌で感じることができます。

【MEMO】
パナエヴァ熱帯動物園は、ヒロの街から11号線を南下し、スタインバック・ハイウェイを右折。しばらくいくと右手にあります。

Pana'ewa Rainforest Zoo and Gardens
https://www.hilozoo.org/

Hawai'i

Maui

Moloka'i

Lāna'i

O'ahu

Kaua'i

06 モクオラ
Mokuola

　モクオラとはヒロ湾に浮かぶ小島のことです。ハワイ語で「命の島」という意味。ココナッツアイランドとも呼ばれます。

　この島には、病を癒す湧水があったのでその名がつけられたようです。昔はこの島で浄化やヒーリングの儀式が行われていました。モクオラの東にある小島のまわりを、水中で3周まわると長生きするという言い伝もあります。

　この島はかつて「駆け込み寺」のような役割がありました。カプを破った人や敵の兵士などは、この島まで泳いでたどりつき儀式を受けると罪が許されたそうです。また、昔は子どもが生まれると子どもの臍の緒をこの島にある石の下に隠す風習もありました。

　神話では、マウイが魔法の釣り針で島を釣り上げたときに、釣り糸が切れた拍子に島の一部が飛んできてモクオラになったとも伝えられています。

　ほかにも、ヒロが干ばつ続きで飢餓に襲われたときに、ウルという男が自らの命と引き換えに栄養豊かな実をつけるウルの木になったという伝説があり、息子のモクオラはこの島に埋葬されたと伝えられています。

　マナに満ちた島モクオラ。ヒロの街の身近なパワースポットです。

【MEMO】
ヒロ湾に浮かぶ小島。隣のリリウオカラニ庭園から歩いて橋を渡っていきます。

07 ワイルク川＆ワイ・アーヌエヌエ
Wailuku River & Waiānuenue

　ヒロ湾に注ぐワイルク川は、火山の女神ペレの妹ヒイアカが、川に棲む2匹のモオと戦った場所です。かつて川には一枚板の橋が架けられていて、2匹のモオはその橋を渡る人たちに悪さをしていたのですが、ヒイアカが退治したおかげで、誰もが安全に渡れるようになったと伝えられています。

　河口から上流に向かって車で15分ほど行くと、ワイ・アーヌエヌエ（レインボー・フォールズ）という滝に到着。午前中にここを訪れると、滝壺に虹を見ることができます。

　この滝の裏の大きな洞窟には、月の女神ヒナが住んでいたと言われています。ヒナはマウイのお母さんで、美人で優しく、タパ作りの名人です。

　神話によると、この川に棲むクナという怪物がヒナに好意を持っていたのですが、まったく相手にされないことを逆恨みして、ヒナを殺そうとします。ヒナがマウイに助けを求めた時、マウイは、ハレアカラーの山頂で太陽を捕まえているところでした。マウイは太陽を捕まえて、ゆっくり空を巡るように約束をとりつけると、すぐに下山。魔法のカヌーに飛び乗って大きく櫂を2回漕ぎしてハワイ島のワイルク川に到着し、魔法のこん棒でクナを退治しました。こうしてヒナは、マウイのおかげで安心してワイルク川のほとりでタパ作りに専念できるようになったということです。

　滝壺に見える黒い岩はマウイに退治されたクナの亡骸で、川の途中にある舟の形をした岩はマウイのカヌーだと言われています。

　ワイ・アーヌエヌエを訪れたら、滝の裏に洞窟が見えますので、そこにヒナが住んでいたことを想像してみてくださいね。

【MEMO】
ヒロの街に流れるワイルク川と並行するワイアヌエヌエ・アヴェニューを山側へす
すみ、途中、レインボー・ドライブにはいります。

27

08 ナハ・ストーン
Naha Stone

ナハ・ストーンはヒロ市立図書館の前にある、誰でも見にいけるパワーストーンです。ナハ・ストーンは横たえてある長方形の石のほうで、重さ1トンはあると言われる巨石です。

その昔、高位のカフナがこの石を持ち上げた者はハワイの偉大なる王になると予言しました。伝説によれば、カメハメハ大王が若いころにこの石を持ち上げたとか。カメハメハは子どものころから体が大きく力が強かったそうですが、それにしてもこんな巨石を持ち上げたということは、やはり神がかった存在だったのでしょうか……。その出来事によって、誰もがカメハメハがやがて偉大な王になると思ったそうです。

このナハ・ストーンは、数百年前にもともとナハ族の人たちがカウアイ島から運んできた聖なる石だそうです。この石の上に赤ん坊を寝かせてナハ族の者かどうかを見極めました。大人しくしていればナハ族の者であり、泣いたらナハ族ではないということです。

奥に立っている石はピナオ・ストーン。かつて近くにあったピナオ・ヘイアウにまつわる石だそうです。

Hawaiʻi

Maui

Molokaʻi

Lānaʻi

Oʻahu

Kauaʻi

【MEMO】
ワイアヌエヌエ・アヴェニューを山のほうへのぼっていくと、右側の市立図書館前
にあります。離れたところから見学させていただきましょう。ヒロの街は神話と歴
史にまつわる聖地がたくさんあります。ぜひゆっくり巡ってください。

[神話]

09 アカカ・フォールズ
'Akaka

　ハワイアン・ソングでも有名な「アカカ・フォールズ」。落差が130m
もあり、特に雨の多い季節は見ごたえたっぷりです。州立公園内に
あり、いろいろな種類のランの花が咲いている森の中をしばらく歩い
ていくと、突然視界が開けて見事な滝が現れます。いかにもハワイ
らしい風景ですね。

　ある伝説によれば、この近くにアカカという男が妻と一緒に住んで
いました。アカカには、レフアとマイレという二人のガールフレンド
がいました。

　ある日、妻が予定よりも早く帰ると、夫がガールフレンドと逢引を
しているところを発見します。びっくりしたアカカは慌てて逃げよう
として滝から落ちて死んでしまいました。それ以来、その滝はアカカ・
フォールズと呼ばれるようになったということです。

　彼に忠実だった犬は、いつまでも滝の上でご主人様を待ち続け、や
がて石になりました。彼の死を嘆き悲しんだ二人のガールフレンド
はいつまでも涙を流し、やがて近くに流れる2つの小さな滝になりま
した。彼の妻は、彼を助けようとして滝のそばで石になったという話
もあれば、近くのカフナ・フォールズという滝になって、いつまでも夫
の近くにいるのだという話もあります。

　アカカとはハワイ語で「割く、別れる、割れる」という意味もあり、
その名前のとおり悲しい別れのお話が伝えられています。

【MEMO】
ヒロから19号線を北上し、ホノムーの町で220号線を左折。道なりに進みます。

10 ハーライ
Hāla'i

　昔、ヒロの郊外のハーライという小山のあたりは、月の女神ヒナの長女、火の女神ヒナケアヒが治めていました。そしてすぐ近くのプウ・ホヌという小山のあたりはヒナケアヒの妹、雨の女神ヒナクルウアが治めていました。

　あるとき干ばつに襲われて人々は飢えに苦しみました。その様子を見ていたヒナケアヒはハーライの頂上に巨大なイムを作りました。「わたしがイムに飛び込んだら土をかけてください。3日の間に、ひとりの女性があらわれるので指示に従ってください」

　そういうと、ヒナケアヒはイムに飛び込みました。村人たちはびっくりしましたが、言われたとおりにしました。

　3日目、見知らぬ女性があらわれて、イムを開けなさいと言いました。村人たちはイムの土を取り除いてみると、中からたくさんの食べ物が出てきました。そのおかげで人々は飢餓を乗り切ることができたのです。ハーライの火口はイム・オ・ヒナ（ヒナのイム）と呼ばれるようになりました。

　一方、それを知った妹ヒナクルウアは、自分も姉と同じ力を持っていることを証明しようと、イムを作って中に飛び込みました。村人たちはイムに土をかけて待ちましたが、いつまでたっても何も起こりません。やがてイムを開けてみると、そこにはヒナクルウアの遺灰があるだけでした。人々は悲しみに暮れ、土をかけて遺灰を埋めました。

　ヒナ・クルウアは雨の女神なので、自分の持つ力を発揮して雨を降らせれば、人々に食べ物を与えることができたのです。それなのに姉に対抗しようとして、自ら命を落としてしまったのでした。

　現在、ハーライの山頂は窪んでいて、プウ・ホヌの山頂は平らになっているのは、こういうわけだと伝えられています。

【MEMO】
ヒロの町からワイアヌエヌエ・アヴェニューを山のほうへ向かって進むとハーライ・ストリートがあります。そのあたりがハーライです。

Hawai'i

Maui

Moloka'i

Lāna'i

O'ahu

Kaua'i

◎ 神話コラム　月の女神ヒナ

　ヒナの神話はもともとポリネシアの島々で語られていたものが、マルケサス諸島やタヒチから移住してきた人たちによってハワイに伝えられました。そのためとても古い話から、ハワイで語り継れはじめた話までたくさんの神話があります。

　ヒナは天の神ワーケアの妻、四大神の中のクーの妻、人間の男の妻として登場する話もあれば、半神半人マウイの母、豚神カマプアアの母としての話もあります。タパ作りの名人で、月に住んでいると言われています。

◎ 神話コラム　月にのぼった女神

　昔むかし、ヒナはアイカナカという人間の夫と暮らしていました。でもそれは幸せな結婚生活とはいえませんでした。ヒナは休みなく働き続けているのに、夫は何もせず文句ばかり言うからです。

　二人の間には息子と娘たちがいましたが、みんな家から出て行ったきり行方知らずでした。唯一心優しいマウイも、たまにしか帰ってきません。

　ある時、ヒナは水汲みにいくと、足元に虹がおりてきました。それを見たヒナは、この虹をつたって天に逃げようと決心し、虹をどんどんのぼっていきました。ところが天にのぼればのぼるほど、太陽が近づいてきて暑くてたまりません。我慢してのぼり続けたのですが、頭がもうろうとしてきて、とうとう転んでしまい、地上に落ちてしまいました。

　家に帰ると、夫から水汲みはどうしたと文句を言われました。すでに日は傾いていました。ヒナは暗い中、水汲みにいくと、今度は月の光でできた虹、ムーンボウが足元におりてきました。夜なので、太陽はありません。ヒナはムーンボウをつたって天に逃げようとしました。

　そこに運悪く、夫がやってきました。夫は人間なので虹をのぼることができません。かわりに思い切り飛び上がって、ヒナの足首を掴んで引きずり降ろそうとします。ヒナは思い切り足を動かして、必死に夫の手を振りほどきました。夫は地面に落ちていきました。

　夫に掴まれて痛んだ足を引きずりながら、ヒナは虹をつたって月へとのぼっていきました。そしてそこで大好きなタパ作りに専念できるようになりました。

　ハワイでは、満月を見上げると、そこには痛めた足をのばして座るヒナの姿と、その足元にタパ作りに必要な道具が見えると言われています。そのとき夜空に白い雲がたなびいていれば、それはヒナがタパを乾かしているのだそうです。

Hawai'i

Maui

Moloka'i

Lāna'i

O'ahu

Kaua'i

神話

11 マウナケア
Mauna Kea

　マウナケアは、ハワイ島の中央にそびえるハワイの最高峰。標高4205 m。マウナケアはマウナ・ワーケア、つまり「ワーケアの山」という意味。山頂「クーカハウウラ」には、天の神ワーケアの祭壇があり、ここで空と大地が引き裂かれて天の領域が造られたと伝えられます。

　天の神ワーケアには、大地の女神パパとの間にハワイ諸島を生み出したという神話もあり、ハワイにとってワーケアは偉大なる父なのです（184ページ、神話コラム参照）。

　またここには雪の女神ポリアフが住んでいると言われています。冬になると山頂は彼女の美しい白い雪のマントで覆われると表現されるほどです。頂上へ行く途中のオニヅカ・インフォメーション・センター（マウナケア・ビジター・インフォメーション・ステーション）の近くには、雪の女神ポリアフに捧げられた祭壇があります。

　昔からマウナケアは山全体が聖地として崇められてきました。神の世界との境界線、神や祖先がすむ場所だと考えられ、チーフやカフナなど特別な人しか登ることができない神聖な山。たくさんの祭壇があり、儀式が執り行われていました。高位のチーフの遺骨も埋葬されていると言われています。

　晴天率が高く、空気が澄んでいて夜が暗いことから天体観測には最適で、現在はいくつもの天文台が建てられています。日本のすばる望遠鏡が有名ですね。山頂一帯は自然保護地区となっており、開発は規制されています。ここはハワイの人々にとって特別な山であり、新しい望遠鏡の設置計画は何度も延期されています。

【MEMO】
マウナケア山頂はツアー会社のツアーに参加します。高山病にならないように、途中で休憩をとりながら車で登ることができます。防寒具の貸し出しもあります。

Hawai'i

Maui

Moloka'i

Lāna'i

O'ahu

Kaua'i

神話

12 ワイピオ渓谷
Waipi'o Valley

　ハワイ島を訪れたら、ぜひ足を伸ばしてほしいのが北部のワイピオ渓谷です。展望台から望む緑の渓谷と青い海はとても美しく、時間が止まっているかのように感じるほどです。

　この渓谷は、昔からたくさんのマナが宿っていると考えられており、渓谷全体が聖地といえます。王族の遺骨がいまもどこかに眠っていると伝えられ、その美しく神秘的な雰囲気が「王家の谷」と呼ばれる由縁です。

　展望台から谷底へは道が通じていますが、ツアーに参加することをお勧めします。ツアーに参加すると、私有地の中にあるタロイモ畑を見学したり、ハワイ固有の植物やワイピオの歴史などの説明を聞いたりすることができるからです。

　かつては多くの人が住み、学校、店、郵便局などもありましたが、1946年、ワイピオは大津波に襲われて村は壊滅。けれども誰ひとり犠牲者がでなかったのは、ここがマナに守られているからだと今でも語り継がれています。

　ワイピオは古くからハワイアンが住み着いた場所。そのためたくさんの有名な神話が伝えられています。神話の宝庫であるワイピオを訪れて、ぜひマナを感じてみてくださいね。

【MEMO】
カイルア・コナからでも、ヒロからも車で2～3時間。19号線を北上し、ホノカア
から240号線に入って終点がワイピオ渓谷の展望台です。ツアーに参加する場合
は、ククイハエレ・ロード沿いの Waipio Valley Shuttle で申し込みを。

Hawai'i

Maui

Moloka'i

Lāna'i

O'ahu

Kaua'i

13 ワイコロア・ペトログリフ
Waikoloa Petroglyphs

　ハワイ島を訪れる多くの方は西側のカイルア・コナや、北西部のリゾート・エリアに滞在されると思います。そのときにぜひ訪れていただきたいのが、このワイコロア地区にあるペトログリフ・フィールドです。

　ここでは溶岩が流れてまだ冷えて固まりきらないうちに模様や形を掘ったものや、冷え固まった後に溶岩を削って模様を掘ったものを見ることができます。ハワイには文字がなかったので、昔の人々は何かを表す図柄を大地に刻んだのです。一度に何千ものペトログリフを見ることができる貴重な場所。人型、うずまき、十字型、連なった丸、C字型、点々……など様々な形があり、それらを見つけながら歩くのも楽しみになります。

　一つひとつのペトログリフが何を意味しているのかはまだはっきりとわかっていませんが、無意味に描いたのではないことは確かだと考えられています。特に点々や丸は、人数、日数、何かの回数をここに記して、みんなに分かるようにしていたのではないかということです。ぜひご自分の目で確かめてみてくださいね。

【MEMO】
ハワイ島西部ワイコロア・ビーチ・リゾート内。ガソリンスタンドの脇のトレイルから歩いて行きます。

Hawai'i

Maui

Moloka'i

Lāna'i

O'ahu

Kaua'i

歴史

14 カラフイプアア・ヒストリックパーク
Kalāhuipua'a Historic Park

　800年ほど前、この地にはハワイアンがたくさん暮らしていました。この歴史公園はトレイルをゆっくりと歩きながら、当時の暮らしを学べるようになっています。

　公園全体は溶岩に覆われていて、いくつものラバチューブがあります。ラバチューブとは溶岩が流れた後、トンネルのように空洞になって残ったものです。一般的にはハワイアンは草ぶき小屋で暮らしていたのですが、ここではラバチューブの中で生活をしていました。日差しを遮るので涼しく、乾燥していて、雨や風除けにもなったからです。ここで眠ったり、食事をしたり、作業をしたりしていたそうです。ラバチューブは長いトンネルになっていて風が通るので、中で火を焚くこともできました。

　この地は昔の人々の暮らしを解明しようと調査研究が行われており、この場所の石で動物の骨や貝などを細工して装飾品や釣り針などを作っていたことなどが分かっています。

　ここには神秘的な写真を撮れることで人気のラバチューブがあります。天井に穴があいていて、太陽の傾きによって洞窟内に光の柱が現れるのでそのときをねらってみてくださいね。

【MEMO】
ハワイ島西部マウナ・ラニ・リゾート内に入り、パウオア・ロード左折すると右手にト
レイルの入り口があります。

Hawai'i

Maui

Moloka'i

Lāna'i

O'ahu

Kaua'i

15 プアコー・ペトログリフ
Puakō Petroglyphs

　ハワイ島の大型リゾート・エリア、マウナ・ラニ・リゾートの北に地元の人たちが集う小さなホロホロカイ・ビーチ・パークがあるのですが、そのすぐ近くにプアコー・ペトログリフがあります。正確には Puako Petroglyph Archaeological District（プアコー・ペトログリフ考古学地区）。

　ここはハワイ島の中でも有数のペトログリフが残されている地区。人間、カヌー、鳥などの形もあれば、うずまき、十字、穴などの形もあります。文字を持たなかったハワイアンは、このようなシンボルを岩に彫って何を表し、記録していたのでしょうか。その目的は不明で研究中ではありますが、何かを記録するため、神への願い事、赤ん坊の臍の緒を隠した、家系図などと考えられています。その多くは11世紀〜18世紀の間に彫られました。1778年にはじめてキャプテン・クックがハワイを訪れるまでは、ハワイには文字という概念がなかったのです。

　ホロホロカイ・ビーチ・パークのすぐ近くのトレイルからは、点在していたペトログリフを切り取って並べて展示しているところへ行くことができます。実際のペトログリフ・フィールドはもう少し内陸の原野の中にあります。

【MEMO】
マウナ・ラニ・リゾートの北に小さなホロホロカイ・ビーチパークがあります。その
すぐ近くにトレイル入り口があります。ペトログリフ・フィールドへはホロホロ・ビー
チ・パーク・ロードの右手になります。標識などはありません

16 プウコホラ・ヘイアウ
Pu'ukoholā Heiau

Hawai'i

Maui

Moloka'i

Lāna'i

O'ahu

Kaua'i

　プウコホラ・ヘイアウは見る者を圧倒します。カワイハエ湾を見下ろす高台に築かれた巨大な石垣。ここはカメハメハ大王が建てた、戦いの神クーをまつるためのルアキニ・ヘイアウです。

　その大きさは縦30m、幅70m、高さ6m。石垣に使われた石は北部のポロル渓谷から、人を並ばせて、バケツリレーのように一つひとつ石を手渡しで運びました。それだけでも、カメハメハの権力がどれほどのものだったのかがわかります。

　ヘイアウが完成した1791年、カメハメハはライバルだった従兄弟のケオウアを招待します。ケオウアがカヌーに乗ってこのカワイハエ湾に入ってきたとき、カメハメハの家来のひとりが槍を突いて彼を殺しました。哀れケオウアは、このヘイアウの最初の人身御供になりました。

　広い敷地内はトレイルに沿って見学できます。ほかにもヘイアウ跡や、カヌーを引き上げる浜を見ることができます。ぜひ浜のほうから巨大な石垣を眺めてください。この巨大なヘイアウを築いたことで、戦いの神クーカイリモクがカメハメハに加勢していることを示したのです。カメハメハも歩いた場所を、ぜひ訪れてみてください。

【MEMO】
カイルア・コナから19号線をずっと北上。270号線に入るとすぐ左側にあります。

Pu'ukoholā Heiau
https://www.nps.gov/puhe/index.htm

17 ラパカヒ州立歴史公園
Lapakahi State Historical Park

　コハラにあるラパカヒ州立歴史公園は、あまり知られていませんが、昔のハワイアンの集落跡が修復されているとても興味深いところです。ここのお勧めポイントは、あまり手が入っていなくて自然なところと、訪れる人が少ないのでじっくりと昔のハワイの暮らしに思いを馳せることができるところです。

　約600年前、ここにはハワイアンの集落がありました。現在は緑がほとんどなく赤茶けた土地が広がっているので、人が住むには厳しいイメージですが、昔は緑豊かな場所でかなり栄えていたようです。

　ラパカヒの海は豊かな漁場で、浜はカヌーをつけるのに適した地形。穏やかな丘は冷たいコハラの風を防いでくれます。また水も豊富で農作物も育つ暮らしやすい場所でした。けれども1800年代に水が涸れたのが原因で、人々はこの地を去っていきました。

　公園内はトレイルが整備されていて、順序どおり歩くといろいろなものを見ることができます。住居跡、ヘイアウ跡、井戸、地面につくったオーブン跡、塩をつくっていた場所、カヌーをしまっておいた小屋、墓地など集落に必要なものはひと通りあります。コナネ（チェスのようなゲーム）、ウルマイカ（ボウリングのようなゲーム）のあとも見ることができます。

　とても静かで風の音しか聞こえませんが、昔ここで多くの人が生活をしていたのだと思うと不思議な感じがします。

【MEMO】
カイルア・コナから19号線を北上、さらに270号線に入り、しばらく海沿いを行く
と左側にあります。日差しが強いので、帽子と水をお忘れなく。足元がわるいので
スニーカーに履き替えてくださいね。

Lapakahi State Historical Park
https://dlnr.hawaii.gov/dsp/parks/hawaii/lapakahi-state-historical-park/

18 モオキニ・ヘイアウ
Moʻokini Heiau

　このヘイアウは、5世紀にハワイではじめて造られたルアキニ・ヘイアウと言われています。その後タヒチからやってきたパアオという神官が、神クーに生贄を捧げる儀式とカプをハワイに持ち込み、この地で儀式を執り行いました。ヘイアウの外に据えられている大きな石で生贄の血が流されたそうです。ここはもともと戦いの神クーカイリモクをまつるヘイアウでしたが、のちにカメハメハ大王によってプウコホラ・ヘイアウに移されました。

　また、このヘイアウには、つぎのような話も伝えられています。
昔むかし、コハラ沖に一頭のクジラが現れました。じっとして動かないクジラを見て、人々は近づき肉を切り取って持ち帰りました。それでもクジラは動きません。

　最後にハムムという男が、人々に肉を分け与えてくれたお礼にタロイモの供物を持ってクジラの頭の上によじ登ると、突然クジラが動き出しました。そしてハムムを頭に乗せたまま神々の国カヒキへ向かいました。

　カヒキに到着すると、クジラから、儀式を行う神殿へ行くように言われたハムムは、そこでカフナと呼ばれる神官たちにあたたかく迎えてもらいます。そこでヘイアウの造り方、儀式の行い方などカフナとして必要なことを学びました。

　やがてひと通りのことを学び終わったハムムは大きなココナツのカヌーに乗って、カヒキからコハラに帰ってきました。そしてその地にヘイアウを築いたということです。

Hawaiʻi

Maui

Molokaʻi

Lānaʻi

Oʻahu

Kauaʻi

【MEMO】
ハワイ島の最北端ハヴィの町の手前のウポル・エアポート・ロードを左折。突き当り
から海沿いに1時間ほど歩きます。現地のツアーガイドに連れていってもらうこと
をお勧めします。

19 カメハメハ大王生誕地
KamehamehaI Birthplace

Hawai'i

Maui

Moloka'i

Lāna'i

O'ahu

Kaua'i

　ハワイには3体のカメハメハ像があります。最も有名なのはホノルルの最高裁判所前にある像。残りの2体はハワイ島ヒロにある像と、このカメハメハの生誕地近くのカパアウの町に建てられている像です。なぜこの地に立てられているかというと、カメハメハの生誕地に近いからです。

　ここは前頁でご紹介したモオキニ・ヘイアウのすぐ近くにあり、荒涼とした大地に、黒い溶岩の石垣が築かれ、一種独特な雰囲気があります。

　カメハメハ大王は1758年（諸説あり）、このココイキという場所で生まれました。生まれる前からの偉大な王になるという予言どおり、夜空には巨大彗星が現れ、生まれた時は大嵐だったと伝えられています。ハワイの神々は大嵐とともに現れるので、神に近い存在だと考えられたのです。

　カメハメハは生まれると敵から命を狙われることを避けるために、すぐに母親から引き離されて人里離れた山奥でひっそりと育てられました。カメハメハとはハワイ語で「孤独な者」という意味。このココイキの生誕地は、海と空と荒涼な大地だけの寂しい場所。母親は敵に見つからないようにカメハメハを産み、そしてすぐに手放したと思うと切ない気持ちがします。

【MEMO】
ハワイ島の最北端ハヴィの町の手前のウポル・エアポート・ロードを左折。突き当り
から海沿いに1時間ほど歩きます。モオキニ・ヘイアウの南側。現地のツアーガイド
に連れていってもらうことをお勧めします。

歴史

20 カメハメハ・ロック＆ポロル渓谷
KamehamehaI Rock & Pololū Valley

　ハワイでは神秘の力、マナを宿す石がたくさんあります。この石もそのひとつ。昔から高位のチーフだけが動かすことのできると言い伝えのあるこの石を、カメハメハ大王が動かしたとも、海からここまで運んだとも言われています。

　もともとこの石はカウアイ島にあったもので、カヌーに乗せてここまで運んできたそうです。その理由はわかっていません。

　カメハメハ・ロックを見学したあとは、さらに道の終点まで進み、ポロル渓谷まで足を延ばしましょう。ワイピオ渓谷の反対側にあたります。

　カメハメハ大王は生まれてすぐにこのポロル渓谷に連れてこられて、5歳になるまでこの渓谷の奥深くで密かに育てられました。生まれる前から敵対者から命を狙われていたので、母親は人里離れたココイキの寂しい場所でカメハメハを産み、生まれたばかりの我が子を信頼のおける者に託したのでした。

　カメハメハ大王の人生がスタートした場所。ぜひあわせて訪れてみてください。

【MEMO】
ハワイ島最北の海沿いを走る270号線をハヴィの町をすぎてさらにいくと道沿いにあります。さらに270号線を終点までいくとポロル渓谷を見下ろす展望台に到着します。

Hawai'i

Maui

Moloka'i

Lāna'i

O'ahu

Kaua'i

◎ 神話コラム　雪の女神ポリアフ

　ポリアフはハワイの最高峰マウナケアの頂上に住む雪と氷の女神。ときおり白い雪のマントでマウナケアの山頂をすっぽりと覆います。神話の中では幾度となくペレと戦いますが、勝つのはいつもポリアフ。やはり水は火よりも強いのですね。

　ポリアフは四姉妹で三人の妹がいます。頂上近くの湖の女神ワイアウは、ポリアフの水浴びを手伝い、飲み水を捧げます。霧の女神リリノエはポリアフの髪を整えます。フアララライ山の女神カホウポカネはタパ作りの達人。雷雨のときは、彼女が水を含んだタパを叩いているのだそうです。マウイ島ハレアカラーの女神という説もあります。

　ポリアフはラーイエイカヴァイの神話の中にも登場し、アイヴォヒクプアとの悲しい恋を経験します（302ページ、神話コラム参照）。

◎ 神話コラム　ペレとポリアフ

　ポリアフが友人たちとホールアという王族が行うそり遊びをしていると、黒いマントをまとったひとりの美女が現れて競争しようと言いました。二人が競争するとポリアフが勝ちました。美女はそりが悪いのだと言い、別のそりでもう一度競争することになりました。

　ポリアフが先にすべりはじめると、すぐに地面が揺れて目の前に大きな裂け目があらわれ、そこから溶岩が噴出しました。ポリアフが後ろを振り返ると、美女は真っ赤な火だるまとなって追ってきます。黒マントの美女はペレだったのです！

　ポリアフのそりは急には止まれません、そのまま火柱の中をつっきって裂け目を飛び越えました。そりの勢いが少し弱まったところでポリアフはそりから飛び降りると、そこにすくっと立ってじっとペレを見据えました。噴出した溶岩はポリアフに向かって斜面を流れてきます。ところがポリアフの手前までくるとふた手に分かれ、ポリアフを避けるように左右に分かれて流れていったのです。

　斜面の下方からその様子を見ていたポリアフの友人たちが、チャントを詠唱して加勢すると、マウナケアの山頂から氷のように冷たい風が吹き付けました。溶岩は冷えて固まり、ペレも凍えてキラウエアへ逃げ帰ったということです。

Hawai'i

Maui

Moloka'i

Lāna'i

O'ahu

Kaua'i

◎ 神話コラム　四大神1「クー＆ロノ」

　ハワイの人々は日本人と同じように自然の中にたくさんの神々を
見出します。その八百万の神々の中で最高位にあるのが、カネ、カナ
ロア、クー、ロノの四大神です。ここではクーとロノをご紹介します。

　クーはさまざまな側面を持つハワイの守り神です。主に戦い、魔術、
繁栄の神です。農作業、漁業、カヌー造り、医術にも関連します。戦
いの神クーカイリモク、漁の神クーウラがよく知られています。

　ロノは農業の神です。農地、農作物、豚、ひょうたん、薬草、雨雲、
大雨に関連します。マカヒキの間に豊穣の神と崇められるロノマク
アが知られています。

◎ 神話コラム　クーの贈り物

　クーは人間の女性と結婚し、2人の子どもに恵まれ幸せに暮らし
ていました。

　あるとき日照りが続き飢餓に襲われた年がありました。日に日に
衰弱していく子どもを見て心を痛めたクーは、妻子を伴って森へ行き
ました。そして妻子に別れを告げます。するとつぎの瞬間、クーの身
体が地面に吸い込まれていったのです。残された家族は驚きと悲し
みに暮れ、妻が流した涙は夫が吸い込まれた地面を濡らしました。

　ところが翌朝、その場所から新しい木の芽が生えてきたのです。
その芽はみるみる成長し、あっという間に大木になり、緑の葉が茂り、
数えきれないほどの実がなりました。それがウルの実です。妻はウ
ルの実を焼いて子どもたちに食べさせ、村人たちにも分けました。

　クーは自らウルの木になって子どもたちや村人たちの命を救った
のでした。

◎ 神話コラム　マカヒキのはじまり

　ある時、ロノはハワイ島ワイピオに住む美しい娘を見初めて、天から虹を伝って地上へ降りてきました。そして娘と結婚して幸せな日々を過ごしていたのですが、ある時、村の男が妻にむけたラブソングを歌っているのを耳にして、ロノは妻が浮気をしているに違いないと思い込み妻を殺してしまいます。けれどもそれは全くの誤解でした。

　激しく後悔したロノは妻を称える「マカヒキ」という祭りをはじめました。4か月間、戦いはもちろんのこと、仕事もすべて中断してスポーツやゲームをして過ごす祭りです。

　その後ロノは何かにとりつかれたように島中をめぐってレスリングの試合ばかりをしていましたが、やがてカヌーに乗りこみ、いつの日か食糧と家畜を満載にした小島に乗って帰ってくると言い残して、海の彼方へと旅立っていきました。

　この神話から、ハワイの人たちは、いつの日かロノが帰ってくると信じるようになったのです。そのマカヒキの最中に、キャプテン・クックが現れた話は有名です（84ページを参照）。

Hawai'i

Maui

Moloka'i

Lāna'i

O'ahu

Kaua'i

◎ 神話コラム　ワイピオ渓谷にまつわる神話

　ワイピオ渓谷にはかなり昔から人々が住んでいました。そのためか、たくさんの有名な神話の舞台となっています。そのうちのいくつかをご紹介します。

●マウイと風のひょうたん

　ある時、マウイは巨大な凧を空にあげたいと思いました。そこでワイピオ渓谷に行き、風のヒョウタンを管理するカフナに頼んでひょうたんから風を出すことに成功しました。

　ところが調子にのって風を出し過ぎてしまいました。ひょうたんから噴き出す激しい強風は嵐を引き起こしたのでした。カフナがどうにか強風をひょうたんに収めましたが、あたりは全て破壊されてしまいました。家も畑も失った人間はかんかんに怒って、マウイと口を聞いてくれません。

　そこでマウイは小さな凧を作ってひとりで遊ぶようになりました。やがて凧のあがり方を見ているうちに天気予報ができるようになりました。それが人間の役に立つようになったのです。やがてマウイはみんなと仲直りをして、ふたたび人気者になりました。

●プアプアレナレナとほら貝

　昔むかし、ワイピオ渓谷にキハというチーフがいました。あるときプアプアレナレナという犬がチーフの畑からアヴァを盗んだために犬と飼い主の老人を捕らえました。犬の盗みの才能を見抜いたキハは、毎晩夜になるとメネフネが吹き鳴らすほら貝を盗んできたら罪を許すと持ちかけました。

　賢い犬はすぐに事情を察して、山奥のメネフネの集落に入ってほ

ら貝を見つけ出しました。犬がほら貝をくわえて走り出すと、その走るスピードが速かったために、ほら貝に風が通り抜けて低い音が鳴り響きます。その音でほら貝が盗まれたことを知ったメネフネたちが追いかけてきました。犬はあちこちにほら貝をぶつけながら、やっとのことでキハのもとに戻ってきました。キハは約束通り犬と飼い主の老人を無罪としました。

　そのほら貝は「キハプー」と呼ばれ、代々チーフの家に伝えられました。オアフ島のビショップ・ミュージアムには、キハプーだと伝えられているほら貝が展示されています。よく見ると下部が欠けていますが、それはプアプアレナレナがくわえて走ったときにぶつけて欠けたのだと言われています。

●サメ男ナナウエ

　昔むかし、サメ神カモホオアリイは、ワイピオ渓谷に住む美しい娘を見初めて結婚しました。娘はやがて身ごもりました。カモホアリイは妻に自分はサメ神であることを伝え「生まれてきた子どもには決して動物の肉を食べさせてはいけない」と言い残し去っていきました。

　やがて娘は元気な男の子ナナウエを出産しました。ナナウエの背中にはサメのような大きな口があり、鋭い歯が生えていました。母親は背中を隠すためにいつもナナウエにタパのマントをつけさせていました。

　やがてナナウエは母親と離れて、男たちだけで食事をとらなくてはならない年齢になりました。昔のハワイは幼い子ども以外、男女が一緒に食事をすることはカプだったのです。そこでナナウエははじめて肉の味を知ったのでした。

　ナナウエが若者に成長したころ、村ではサメに襲われる事件が頻繁に起こるようになりました。肉の味を覚えたナナウエは人間を襲うようになったのです。そんなあるとき村の若者にからかわれてマ

ントをはぎとられ、ナナウエは背中に大きなサメの口があることが知られてしまいます。誰もが、村人を襲ったサメはナナウエだと思いました。村にいられなくなったナナウエは海に飛び込むとサメの姿になってマウイ島へ逃げていきました。

マウイ島についたナナウエは人間の姿になってチーフの娘と結婚しましたが、やはり人間の肉の味を忘れることができずに再び村人を襲うようになりました。それをチーフに気づかれて、ナナウエはモロカイ島へと逃げて行きました。

しばらくしてモロカイ島ではサメの事故が増えたことが問題になりました。村人たちが罠をかけたところ、大きなサメがかかりました。それはサメの姿になったナナウエでした。人々は聖地に生えていた竹でナイフを作り、ナナウエを切り刻んでイムと呼ばれる地面につくったオーブンで焼いて灰にしてしまいました。

その後、自分の息子が殺されたことを知ったサメ神カモホアリイは、それ以降、モロカイ島の聖地の竹はナイフとして使えないようにしたということです。

●ラウカイエイエとヒイラヴェの滝

昔、ワイピオ渓谷にひとりの男の子が生まれ、ヒイラヴェと名付けられました。そのヒイラヴェの叔父と叔母には子どもができず、毎日神様に子どもが授かるように祈っていました。

あるとき叔母の夢の中にオヒアの木の女神が現れて「ワイピオ川の河口に蔦の女神ラウカイエイエがいるから30日間、面倒をみなさい」と告げました。

翌朝、叔父と叔母が河口に行ってみると赤い霧の中に女の子の赤ん坊がいるのを発見しました。それから毎日赤ん坊の様子を見に行き、30日がたったあるとき、女神ヒナと神クーが現れて、自分の子どもとして育てるようにと赤ん坊を渡されました。

62

ラウカイエイエは大切に育てられ、やがて美しい娘になりました。あるときラウカイエイエは毎晩、素敵な若者の夢を見るようになりました。その話を知った風の精霊はハワイ中を巡ってその若者を探しました。

　するとカウアイ島にいるカヴェロナという若者と出会いました。カヴェロナも毎晩、美しい娘の夢を見るというのです。カヴェロナがラウカイエイエに会いにやってくると、お互いが夢の中で出会っていた相手だったことがわかったのです。二人は結婚し、幸せに暮らしました。

　やがて長い年月が過ぎ、ラウカイエイエのいとこのヒイラヴェが亡くなり、滝のそばに葬られることに。その滝は彼の名前をとってヒイラヴェの滝と名付けられました。しばらくしてカヴェロナも年をとり亡くなりました。夫を失ったラウカイエイエは、それからは蔦、イエイエとして生きることを選びました。

　そのため現在も、イエイエはオヒアの木をつたって育ち、美しい花を咲かせているということです。

Hawai'i

Maui

Moloka'i

Lāna'i

O'ahu

Kaua'i

神話

21 フアラライ
Hualālai

　ハワイ島は、マウナロア、キラウエア、マウナケア、コハラ、そして
このフアラライの5つの火山でできた島です。

　キラウエアやマウナケアに比べて小規模に思えるかもしれません
が、フアラライはかつて火山活動が盛んで、ペレにまつわる話がたく
さん伝えられています。フアラライが最後に噴火したのは1801年。
この噴火にはつぎのような話があります。

　実はこの噴火は、ペレが島の北西部キホロやカウープーレフにい
るアヴァ魚と、カエレフルフルにいるアク魚と、フエフエに育つウル
の実を求めて溶岩を流したというのです。溶岩流が村を飲み込んで
いくのを見て、カフナが供物と祈りを捧げましたが、噴火は一向に止
まりませんでした。そこで当時次々と島を征服していたカメハメハ
が、マナが宿る自らの髪を切ってティの葉に包んで供物として捧げ
たところ、溶岩流はぴたりと止まったということです。

　また、フアラライ山の西側には、ペレと二人の少女の話が伝えられ
ています。

　二人の少女がウルの実を蒸し焼きにしていると、そこに一人の老女
が現れて、誰のために焼いているのかと尋ねました。一人の少女は両
親が信じている神のためだと答え、もう一人の少女は女神ペレのため
だと答えました。老女はペレのためだと答えた少女に、家に帰ったら
自宅にタパの目印をつけておくようにと言って去っていきました。

　少女が両親にその話をすると、両親はその老女はペレに違いない
と言い、指示どおりに家に目印をつけました。その夜、フアラライ山
が大噴火を起こし、流れ出た溶岩は村々を襲いましたが、タパの目印
をつけた少女の家だけは避けていったということです。

【MEMO】
カイルア・コナの東にあります。標高2521m。
190号線を北上すると、途中で1801年の溶岩流「Ka'ūpūlehu lava flow」を見ることが
できます。

Hawai'i

Maui

Moloka'i

Lāna'i

O'ahu

Kaua'i

神話

22 アカヒプウ
'Akahipu'u

　カイルア・コナの北部にあるアカヒプウという山には、つぎのような話が伝えられています。

　昔むかし、この山の近くにメネフネが住んでいました。メネフネとは山の中に住む小人たちで、夜になると集団で山を下りてきて、魚を捕ったり、石垣を築いたりして働き、一番鶏が鳴く前に山へ帰っていきます。

　ある時、メネフネたちはアカヒプウの山を切り取って、少しはなれたクーイリ山に乗せたら面白いからやってみようと話しました。いたずら好きのメネフネは、面白いことが大好きなのです。

　夜になり、メネフネたちはみんなでアカヒプウの山頂を切り取りはじめると、すぐに雄鶏が鳴きました。メネフネには雄鶏が鳴くと、夜が明ける前に自分の家がある山へ帰らなくてはならない掟があります。あわてて山に戻りましたが、夜明けにはまだだいぶ時間があります。

　つぎの夜も、メネフネたちは山頂を切り取りに行きましたが、すぐに雄鶏が鳴いたので、仕事を中断して山に帰りました。けれどもまだまだ夜中です。メネフネたちは腹を立て、雄鶏を探し出してイムという地面に掘ったオーブンに入れて蒸し焼きにしました。

　そのつぎの夜も、メネフネたちは山頂を切り取りに行きましたが、再び雄鶏が鳴いたので、仕方なく山に戻りました。またかと腹を立てましたが、今夜はイムに雄鶏の蒸焼きというごちそうが待っているので楽しみがありました。ところがいざイムを開けてみると、あるはずの鶏が消えています。メネフネたちはすっかりやる気をなくしてしまい、アカヒプウの頂を切り取ることを諦めました。

　実は、神カネがメネフネのいたずらを知って魔法の鶏をつかわして止めさせたのでした。カネにはメネフネのいたずらはお見通しだったのです。

【MEMO】
カイルア・コナから190号線を北上。カラオアの町を通り過ぎて左側の小さな山が
アカヒプウ山です。

23 カロコ - ホノコーハウ国立歴史公園
Kaloko-Honokōhau National Historical Park

　かつてこの地は２つのアフプアアが隣接し、たくさんの人々が住み、魚を釣り、農作物を植え、自給自足の生活をしていました。湧き水が豊富だったこともここが栄えた大きな理由でした。海辺に住むひとたちは海の幸を、山地に住むひとたちはタロイモやさつまいもなどの農作物を互いに交換して豊かな生活を送っていたのです。

　現在は当時の生活が分かるように修復されていて、大きなフィッシュポンド、ヘイアウ、住居、女性たちがタパを作っていた場所、カヌー小屋、塩をつくるための石のくぼみなどを見てまわることができます。また、数多くのペトログリフもあります。特にカロコ・フィッシュポンドには、魚をとる仕掛けも残されているので必見です。

　昔からこのフィッシュポンドには、モオという守り神が住んでいると言われていました。このフィッシュポンドを大切に守っているかぎり、モオはたくさんの魚を与えてくれますが、敬意を払わずにいると、モオは罰として魚をすべて取り上げると伝えます。

　モオはとても古くからハワイに存在し、ハワイ各地のフィッシュポンド、川、滝、泉などの守り神であるという神話・伝説がたくさんあります。

【MEMO】
カイルア・コナから19号線を北上してすぐ左手にあります。

Kaloko-Honokohau National Park
https://www.nps.gov/kaho/index.htm

24 カマカホヌ＆アフエナ・ヘイアウ
Kamakahonu & Ahu'ena Heiau

　カイルア・コナにあるキング・カメハメハ・コナ・ビーチ・ホテルが建つ場所は、かつてカマカホヌと呼ばれ、カメハメハ大王が晩年を過ごしたところです。

　カメハメハ大王は好戦的な人物と表現されることもありますが、実際はとても心優しく平和的な人物だったそうです。ハワイ諸島を統一したあとはここに移り住み、畑を耕したり、魚釣りをしたりして、いわゆるハワイ的な生活を送りながら穏やかに過ごしました。

　海に突き出た場所にヘイアウが復元されていますが、これはアフエナ・ヘイアウです。木彫りの彫像は病を癒す神であるカラエモクや、戦いの神のクーカイリモクを表しています。ハワイで最も重要な史跡のひとつとして国立公園に指定されています。

　カメハメハ大王はこのカマカホヌの自宅で亡くなりました。床に伏した大王に、側近が、神に人身御供を捧げて病の回復を願うことを提案したそうでが、王はすでに人民は息子のカメハメハ2世のものであると言い、それを拒みました。

　1819年5月8日、大王はつぎの言葉をのこしてこの世を去りました。
『わたしがもたらした永遠の正義を楽しみなさい』

【MEMO】
カイルア湾を望む、キング・カメハメハ・コナ・ビーチ・ホテルのあたり。

25 フリヘエ宮殿＆モクアイカウア教会
Hulihe'e Palace & Mokuaikaua Church

カメハメハ大王が余生を過ごした場所カマカホヌを訪れた際には、近くにあるフリヘエ宮殿とモクアイカウア教会にも立ち寄ってくださいね。

フリヘエ宮殿はもともと第2代ハワイ島総督ジョン・アダムズ・クアキニが建てた2階建ての建物で、溶岩、サンゴの石灰、コアの木やオヒアの木などハワイの建材を使って造られました。玄関、2つの居間、食堂、2つの寝室の計6部屋あります。

クアキニのあと何人かの王族が受け継ぎ、やがてカラーカウア王が買い取って改築しました。外壁や内壁にあたらしく漆喰を塗り、天井に王冠や金色の葉模様の装飾を施し、シャンデリアを取り付けて豪華に仕立てられています。ぜひ2階のラナイから、カラーカウア王も見たであろう美しいカイルア湾を眺めてみてくださいね。

つぎにフリヘエ宮殿の向かいにあるモクアイカウア教会に足を運んでみましょう。

この教会はハワイで最初に建てられた教会です。1820年4月4日、キリスト教の使節団がはじめてカイルア・コナに到着したときに、当時の王カメハメハ2世が1年の期限付きで、王家の家があったこの場所の使用を認めました。その後、正式に更新された記録はないそうです。現在の建物は1835年に建築を開始して、1837年に完成しました。

この教会の特徴はなんといっても使われている木材でしょう。柱と梁はすべてオヒアの木、説教壇、座席、手すりはコアの木で作られており、それは見事です。壁は溶岩と、ハワイの人たちが海の底から集めたサンゴを焼き砕いて作った石灰が使われています。

フリヘエ宮殿もモクアイカウア教会も内部を見学することができます。

【MEMO】
カイルア・コナのアリイ・ドライブ沿いにあります。

Hulihe'e Palace　https://dlnr.hawaii.gov/dsp/parks/hawaii/hulihee-palace/
Mokuaikaua Church　https://mokuaikaua.com/

Hawai'i

Maui

Moloka'i

Lāna'i

O'ahu

Kaua'i

26 クエマヌ・ヘイアウ＆カハルウ・マノワイ
Ku'emanu Heiau & Kahalu'u Manowai

　クエマヌ・ヘイアウはとても賢い兵士の名前をとってつけられました。カハルウ湾に面していて、サーフィンのために良い波がくることを祈る目的で造られたそうです。昔、サーフィンはアリイも一般人も楽しむスポーツで、特にこのカハルウ湾はアリイが好んでサーフィンをしていました。

　このヘイアウの隣に小さな教会が建てられていますが、かつてその場所にはサーフィンを終えたアリイが体を洗うための池やカフナの家がありました。

　このヘイアウだけを見ると小規模な感じがしますが、実際はこのカハルウ湾に面した一帯は大きな集落がありたくさんの人々が行き交っていました。湧き水も豊富で、海の幸にも恵まれ、いくつものヘイアウが築かれ、豊かに栄えていたのです。かつてカメハメハ大王やカラーカウア王が過ごした家もありました。

　近くにあるケアウホウ・ビーチ・ホテルの跡地は、現在「Kahalu'u Manowai」と呼ばれてカメハメハ・スクールが管理しています。20年ほど前に泊まったことがあるのですが、敷地内にはヘイアウ、クーウラ・ストーン、集落跡などがあり、じっくり見学したことを覚えています。これからはハワイの文化遺産として維持管理されることになっています。

　湾には「パー・オ・カ・メネフネ」と呼ばれる石垣が築かれています。これには次のような神話が伝えられています。

　昔むかし、メネフネたちはこのカハルウ湾全体をフィッシュポンドにしようと考えました。クエマヌ・ヘイアウの最高位のカフナであるヒナモアは、そのことを知るとサーフィンができなくなると心配して、メネフネたちに計画をやめさせようとしました。メネフネたちは、一番鶏が鳴くと夜が明ける前に山へ帰るという掟があります。そこで夜中に雄鶏を無理やり鳴かせて、メネフネの作業を中断させました。そのため今でも湾には途中まで築かれた石垣があるということです。

【MEMO】
カイルア・コナのアリイ・ドライブ沿いにあります。

27 カメハメハ3世生誕地
Kamehameha III Birth Place

　ケアウホウのあたりは、カメハメハ大王よりはるか昔のウミ・ア・リロアの時代から王族の拠点となった場所でした。カヌーをつけるのに適した浜がたくさんあるのも大きな理由のひとつ。カメハメハ大王も好んでこの地に滞在していたそうです。

　一説によるとカメハメハ大王には30人もの妻がいたと言われていますが、中でも最も神聖な妻ケオープーオラニは、カメハメハ大王さえもひざまずき頭を下げていたと言われます。ケオープーオラニとの間に生まれたのがカメハメハ2世と3世。3世はこの地で生まれました。説明書きによると、3世は生まれたときは仮死状態でしたが、カフナによって近くの泉で体を洗われて石の上に寝かされると生き返ったのだそうです。

　カメハメハ3世は兄の2世が若くしてイギリスで亡くなってしまったために10歳で王位を継ぎます。ハワイの王たちの在位期間はとても短いのですが、3世は歴代の王の中で最長の30年間ほどハワイを統治しました。

　トレイルが整備されていて、ゆっくり歩きながら歴史を学べるようになっています。泉や身を隠すための洞窟などを見ることができます。

【MEMO】
カイルア・コナからアリイ・ドライブを南下し、道なりにアリイ・ハイウェイをさらに進み、カレイオパパ・ロードを右折します。

歴史

28 ポーハク・ペレ＆カニカニカウラ・ヘイアウ
Pōhaku Pele & Kanikanika'ula Heiau

　昔からハワイでは、特別な石にはマナと呼ばれる神秘の力が宿っていると考えられていました。そのひとつがこのポーハク・ペレ（ペレの石）と呼ばれるベル・ストーンです。ベル・ストーンとは特定の場所を木の棒で叩くと大きな音の出る石のことで、海辺にあるベル・ストーンは、アリイの到着や海からカヌーに乗って誰かがやってきたことを村人たちに知らせるために使っていました。

　ほかにもこの石はマカヒキという年に1度のお祭り期間の準備のために、祈りを捧げる対象としてまつられていたという話や、子どもが生まれたときに、神聖なピコ（臍の緒）をこの石の側面の穴におさめていたという話も伝えられています。

　なぜペレの石と呼ばれるのかは資料に記されていなかったので、女神ペレと関係しているのかどうかは不明です。

　また、この敷地には住居跡やヘイアウ跡なども見ることができます。そのひとつがカニカニカウラ・ヘイアウ。このヘイアウは漁の神様に捧げられているもので、漁から戻ったときに捕れた魚の一部を供物として捧げました。

　場所はシェラトンホテルの敷地内にあります。レストランで休憩したあとに、のんびり散策するのもいいですね。

【MEMO】
カイルア・コナからアリイ・ドライブを南下し、道なりにアリイ・ハイウェイを少し進みます。しばらくしてカレイオパパ・ロードを右折、すぐにエフカイ・ストリートを左折した終点です。

Hawai'i

Maui

Moloka'i

Lāna'i

O'ahu

Kaua'i

歴史

29 ヒキアウ・ヘイアウ
Hikiau Heiau

　このあたりは昔から大規模な聖地だったようで、いくつかのヘイアウ、カフナの家、聖なる池などがありました。

　このヒキアウ・ヘイアウはカメハメハ大王の伯父カラニオプウが建てたと言われています。カラニオプウはハワイ島を代表する有力なチーフで、カメハメハは幼いころからこの伯父に預けられて戦士としての英才教育をほどこされました。

　このヘイアウが建てられているケアラケクア湾は、1779年にキャプテン・クックがハワイ島に上陸した場所。ハワイの人たちがキャプテン・クックをロノ神と勘違いした話は有名です。

　ハワイには、豊穣の神ロノはマカヒキという祭りの期間に食べ物をたくさん積んだ島に乗って帰ってくるという伝説がありました。キャプテン・クックがハワイ島にやってきたのはちょうどそのマカヒキの期間。マカヒキでは、十字に組んだ木に白いタパをかけてロノ神の象徴とするのですが、帆船のマストと帆がロノ神の象徴に見えたのも無理はありません。

　けれども神に仕える船員が病気で死んだり、神に捧げる木の彫像を燃料として燃やしたりするのを見て、ハワイの人たちもだんだんと怪しむようになりました。決定的だったのは、出港後、嵐でマストが折れてマカヒキではない時期に戻ってきたことでした。キャプテン・クックはロノ神の偽物だということで戦いの神クーへの生贄とされてしまいました。

　この場所でハワイの歴史上、大きな出来事が起こったのだと思うととても感慨深い思いがします。

【MEMO】
カイルア・コナから11号線を南下し、160号線を右折。そのまま道なりに進むとやがて海に突き当たったところを右折します。

Hawai'i

Maui

Moloka'i

Lāna'i

O'ahu

Kaua'i

30 プウホヌア・オ・ホーナウナウ
Pu'uhonua o Hōnaunau

　ここはとても大きな歴史国立公園なので、訪れたことのある方も多いのではないでしょうか。「プウホヌア」とはハワイ語で「逃れの場」「聖域」という意味。カプを破った人や、敵対する兵士の「駆け込み寺」のような場所でした。サメのいる湾を泳いでこの聖域に逃げ込み、カフナに儀式を執り行ってもらえばその罪は許されたそうです。

　現在はヘイアウが復元され、整備されています。1650年ごろに作られた「ハレ・オ・ケアヴェ」という草ぶき小屋には23人のチーフの遺骨が納められていました。位の高い人の骨にはマナが宿っていると考えられていたので、もっとも神聖な場所であり、この聖域を守っていたのだと考えられています。復元された神殿とキイの写真は多くの媒体で使われています。

　ほかに王の住居、作業用の小屋、縄にティの葉を結んだ魚を浅瀬に追い込むフキラウ漁の道具、カヌー、コナネのゲーム板などもあって、当時のハワイの暮らしが再現されています。

　王が好んで座っていたという石には天蓋を立てるため支柱の穴がありました。また「カアフマヌ・ストーン」と呼ばれる大きな石は、カメハメハ大王のお気に入りの妻カアフマヌが王と喧嘩をしたあとに、ここに泳いでたどりつき、見つからないように隠れた石なのだそうです。

　この公園はとても広く、パンフレットを見ながら順番どおりにゆっくりと見ると1時間ぐらいかかります。日本語の説明書があるのが嬉しいですね。

　マナに満ちた場所。昔のハワイアンの暮らしを身近に感じることもできます。ぜひ一度は訪れたい場所です。

【MEMO】
カイルア・コナから11号線を下り、
途中160号線を右折して海沿い
をさらに南下し、しばらくいくと
右側に標識があります。

Puʻuhonua o Hōnaunau
https://www.nps.gov/puho/index.htm

Hawai'i

Maui

Moloka'i

Lāna'i

O'ahu

Kaua'i

◎ 歴史コラム　ハワイ諸島誕生＆人々の移住

　ハワイは太平洋の真ん中で、海底からマグマが噴出してできた大きな火山の島です。ハワイ島は常に溶岩が噴出しているホットスポットの上に形成されていて、日々島が成長を続けている世界でも珍しい場所です。

　ハワイ諸島は西へいくほど歴史は古くなります。それは太平洋プレートがゆっくりと北西に向かって移動しているためで、ひとつの島がホットスポットから移動すると、また別の島がその場所にできるからです。観光客に人気のオアフ島は、いまからおよそ350万年前に形成されました。現在、ハワイ島の南東の海面下にロイヒという火山がつくられていて、およそ1万年後には海面の上に顔を出し島となると考えられています。

　ハワイには大きく2つの移住の波がありました。最初は西暦300年〜500年ごろマルケサス諸島から、つぎは900年〜1000年ごろにタヒチからだと考えられています。

　第2波の人たちは豚や鶏などの家畜、タロイモやココナツなどの食糧を船に積んで、家族を従えてやってきました。さらに階級制度やタブー制度を持ち込み、先住していた第1波の人たちを奴隷にしたともいわれています。そして1778年にイギリスのキャプテン・クックがはじめてハワイを訪れてその存在を世界に発表するまでの数百年の間で、ハワイ独自の文化が形成されたというわけです。

　人びとはアフプアアと呼ばれる、山頂を頂点とし、川を中心にした、左右の稜線を海まで引いた土地区分の中でコミュニティーを形成し

ていました。アリイを頂点にカフナや一般人、奴隷などの階級制度があり、厳しいカプが制定された秩序ある社会が築かれていました。海に住む人は海の幸を、山に住む人は畑の農作物を互いに物々交換し、すべてをアフプアアの中で賄い、自然とともに暮らしていたのです。各島に、各地のアリイを統括する総長アリイ・ヌイがいましたが、そのすべての島を統括し、はじめてハワイ全島を治めたのがカメハメハ大王でした。

Hawai'i

Maui

Moloka'i

Lāna'i

O'ahu

Kaua'i

◎ 歴史コラム　カメハメハ大王

　今もハワイの人々が尊敬するカメハメハ大王（1758年〜 1819年5月8日　諸説あり）。そのカリスマ性は生まれる前から発揮されていました。夜空には巨大な彗星が出現し、カフナは偉大なるチーフが生まれると予言。そして生まれた日は神が現れるのにふさわしい大嵐で、まさに神がかった存在であることが証明されました。

　当然敵から命を狙われることになり、母親は地元カイルアから遠く離れたココイキという荒涼とした海辺のヘイアウで出産。生まれたばかりのカメハメハはポロル渓谷の奥地で5歳になるまで秘密裏に育てられました。このような経緯から「孤独な者」という意味のカメハメハと名づけられたそうです。

　偉人には伝説がつきものです。父親はカイルア・コナを治めていたチーフということになっていますが、本当の父親はマウイ島の偉大なるチーフ、カヘキリであるとか。カメハメハが生まれる9カ月前に母親はマウイ島を訪れていた、カヘキリは兵士を送ってカメハメハの誕生を守ったなど、出生の秘密にまつわる話があります。

　後にカメハメハは、カヘキリと何度も戦いを交えます。やがて老いたカヘキリは、カメハメハからの宣戦布告に対して自らの死を迎えるまでは戦わないと返答しました。お互いに親子だと知っていたという説もあり、なんともドラマチックですね。

　成長したカメハメハは伯父カラニオプウに預けられ、徹底的に帝王学を叩きこまれます。

　カメハメハは身体も大きく力も強く、頭脳明晰。子どものころから兵士としてずば抜けた才能を発揮しました。17歳のころにマウイ島で初陣を飾り、自分の先生を助けたともいわれています。

　当時のハワイは、歴史的に大きな転換期を迎えていました。1778

年、英国海軍のキャプテン・クックがハワイを来訪。同年、カメハメ
ハは伯父と一緒にキャプテン・クックと面会します。若き戦士カメハ
メハの世界観は、ここで大きく広がったことでしょう。

　伯父カラニオプウが亡くなると、長男キワラオが跡を継ぎました。
二男ケオーウアは土地を、甥カメハメハは戦いの神クーカイリモクを
受け継ぎます。

　以来、カメハメハはチーフとして本領発揮します。つぎつぎとハワ
イを来訪する英国や米国の船から銃や大砲を手に入れ、英国人ジョ
ン・ヤングとアイザック・デイビスを側近に置き、軍事と政治の近代化
を図りました。さらに軍神クーカイリモクを掲げてライバルたちを倒
していったのです。

　キワラオとケオーウアを倒して、1791年ハワイ島を手中におさめ
たカメハメハは、1795年にマウイ島、モロカイ島、ラナイ島を征服。
さらにオアフ島に進軍。オアフ軍をヌウアヌ・パリに追い詰めて勝利
を得ます。このときカメハメハはペレレウ艦隊と呼ばれる900隻以
上ものカヌー、外国船20隻、兵士16000人を率いていました。

　その後、カウアイ島を攻めようとしますが、嵐や流行病のために断
念。カウアイ島チーフとの話し合いにより、カウアイ島・ニイハウ島
を実質的な統治下におさめることに成功します。こうして1810年、
カメハメハはハワイ統一を果たしたのでした。

　カメハメハは好戦的な人物だと思われがちですが、実際はとても
穏やかで平和的な人物だったようです。老若男女が安心して暮らす
ことを定めた「ママラホエ・カナヴァイ」という法律を定め、余生は生
まれ故郷のコナに戻り、畑仕事に精を出して静かに暮らしました。

31 カラエ岬
Ka Lae

Hawai'i

Maui

Moloka'i

Lāna'i

O'ahu

Kaua'i

　ハワイ島最南端にあるカラエ岬。ここは地の果てに来たという印象があります。タヒチから初めてハワイにやってきた人たちが、降り立った場所だとも言われています。

　いくつかのヘイアウ、海水から塩を作るための石鍋、カヌーをつないでいたと言われている岩に掘られた穴の跡などが残っていて、この地が重要な場所だったことを示しています。

　写真の立っている石は、漁の神様クーウラを祀るものです。漁の前にクーウラに豊漁と安全の祈りを捧げ、漁から帰ってきたら最初にとれた魚をクーウラに捧げます。ハワイ各地には、このようなクーウラの石を見ることができます。海に出て魚を捕るということが、ハワイアンの生活において重要なことだったのですね。

　この岬はハワイ島の「レイナ・ア・カ・ウハネ」。ハワイ語で「魂が飛び立つところ」という意味で、この島で亡くなった人の魂があの世へいくところです。ハワイの各島々にはこのような場所が必ずあります。

　カラエ岬から東へ1時間ほど歩いたところに、グリーンサンドビーチがあります。一面、深緑色の砂のビーチはなんとも不思議な光景です。これはカンラン石という鉱石の色。上質なものはペリドットという宝石になるものです。以前訪れたときには、緑色の浜辺でハワイアンモンクシールが昼寝をしていました。

【MEMO】
カイルア・コナからも、ヒロからも11号線を南下します。途中、サウスポイントを示す小さな標識があるので、そこを曲がって一本道を海に向かって進みます。ひと気がないところを、炎天下往復2時間歩くので、グリーンサンドビーチへ行くには現地のツアーガイドと同行されることをお勧めします。
崖からの飛び込みなど危険なことはしないでください。

Hawai'i

Maui

Moloka'i

Lāna'i

O'ahu

Kaua'i

神話

32 プナルウ・ブラックサンド・ビーチ
Punalu'u Blacksand Beach

　ここは黒砂海岸とも呼ばれ、文字通り黒い砂が一面広がるビーチです。野生のウミガメに会える観光スポット。昔はハワイ島観光の定番だったので、訪れたことのある方も多いと思いますが、ビーチの奥にある蓮の花が咲く淡水池のところまで歩いていったことのある方は少ないのではないでしょうか。

　この池にはつぎのような神話が伝えられています。

　昔むかし、この海に大きなウミガメが住んでいました。あるときウミガメは浜にあがって卵をひとつ生み落とし、前足で砂を掘って卵を覆いました。そのとき掘った穴は大きな池になりました。

　やがてその卵からかえった子亀は成長して、人間たちにカウイラと呼ばれるようになりました。カウイラの木にそっくりな緑色をしていたからです。カウイラは特別な力を持っていて、人間の少女の姿になることができました。よく人間の子どもたちと浜辺で一緒に遊んでいたので、この地に住む人たちからとても愛されていました。

　カウイラは今でも親亀が掘った池に住んでいると言われます。池をのぞいてみると、ときどき小さな泡が立ち上るのが見えるのですが、それはカウイラが池の底で眠っているからだとか。

　野生のウミガメを見学しながら、ぜひカウイラの池も見てきてくださいね。ウミガメは触ったり餌付けしたりすることは法律で禁じられていますので、3m 以上離れたところから観察してください。

【MEMO】
ハワイ島南部。11号線を進み、プナルウ・ロードに入っていくと、ブラックサンド・ビーチへ続きます。

Hawai'i

Maui

Moloka'i

Lāna'i

O'ahu

Kaua'i

カイルア・コナ

1 　キラウエア火山＆ハレマウマウ火口
2 　溶岩台地　＆　ペレの横顔
3 　プウロア・ペトログリフ
4 　クムカヒ岬
5 　パナエヴァの森
6 　モクオラ
7 　ワイルク川＆ワイ・アーヌエヌエ
8 　ナハ・ストーン

マウナケア
11

7
8
6
10 ヒロ

5

4

キラウエア
1
2 　　3

ロア

32

9 　アカカ・フォールズ
10 　ハーライ
11 　マウナケア
12 　ワイピオ渓谷
13 　ワイコロア・ペトログリフ
14 　カラフイプアア・ヒストリック・パーク
15 　プアコー・ペトログリフ
16 　プウコホラ・ヘイアウ
17 　ラパカヒ州立歴史公園
18 　モオキニ・ヘイアウ
19 　カメハメハ大王生誕地

Hawai'i

Maui

Moloka'i

Lāna'i

O'ahu

Kaua'i

マウイ島
Island of Maui

Maui

PUEO

Hawai'i

Maui

Moloka'i

Lāna'i

O'ahu

Kaua'i

神話

33 ケアナエ
Ke'anae

　ハワイの神々の中でも四大神と呼ばれる生命の神カネ、海の神カナロア、戦いの神クー、農業の神ロノは特別な存在です。さらにその中でも最高位カネは、カナロアと一緒に旅をするという神話がたくさん伝えられています。

　このケアナエは、カネとカナロアが、神々の国カヒキからやってきてはじめてハワイに降り立ったと伝えられているのです。かつてこの地はカラカラに乾燥した場所でした。カネがカウイラの木からできた杖を地面に突き刺すと、そこから新鮮な水がどんどん湧き出してきました。こうしてケアナエは水に恵まれた土地となり、たくさんのタロイモ畑を有する豊かな土地になったということです。

　このようにカネとカナロアは共にハワイ中を旅して新鮮な水（ハワイ語でワイ）をもたらしました。ハワイの地名で「カネワイ」「ワイカネ」などと呼ばれる場所には、たいていカネとカナロアが水を湧き出させたという話が伝えられています。その話の中で、カネが湧き出させた水を使い、カナロアはもっていたアヴァの根で飲み物を作り、喉をうるおすのです。

　ケアナエはカフルイからハナに向かう一本道の途中にあります。偉大なる神カネとカナロアが降り立った場所。ぜひハナを訪れる際には立ち寄ってくださいね。

【MEMO】
カフルイから36号線でハナに向かい、曲がりくねった道を車でゆっくりと走って1時間半ほどで海が見えてくる。ケアナエ・ロードを左折。海に突き出た半島がケアナエ。道が細くカーブが多いので車の運転に注意。

34 ピイラニハレ・ヘイアウ
Pi'ilanihale Heiau

　このヘイアウはカハヌ・ガーデンの敷地内にあります。ピイラニハレとはハワイ語で「ピイラニの家」。ピイラニは16世紀に活躍した偉大なチーフで、マウイ地方をひとつにまとめ、島を一周する道路を整備したことで知られています。現在のピイラニ・ハイウェイの一部はかつてピイラニが整備した道だそうです。

　ピイラニ・ヘイアウは、なんといってもその大きさに驚かされます。長さ約124メートル、幅約100メートル。ハワイ最大のヘイアウで、巨大な階段状の石垣が特徴。ハワイでもここでしか見られない特殊な形です。もともとは人身御供を行うルアキニ・ヘイアウでした。いかにピイラニが権力を持っていたのかが分かりますね。

　カハヌ・ガーデンは、ハワイ王国の時代のチーフだったカハヌの子孫たちの意向によって設立され、ピイラニハレ・ヘイアウの復元・管理と文化の継承が行われています。ハラ、サトウキビ、ククイ、ハウ、ウルなどのハワイの有用植物も見学できます。すぐ近くの黒砂の浜には、かつてたくさんのカヌーが乗り付けられました。

　順路通りにゆっくり歩くと1時間ほどかかります。ぜひ時間に余裕をもって訪れてください。

Hawai'i

Maui

Moloka'i

Lāna'i

O'ahu

Kaua'i

【MEMO】
カフルイから36号線をハナへ向かう。ハナの手前のウラヌイ・ロードを左折した終点にある。道が細くカーブが多いので車の運転に注意。

Kahanu Garden
https://ntbg.org/gardens/kahanu/

Hawai'i

Maui

Moloka'i

Lāna'i

O'ahu

Kaua'i

神話

35 ワイアナパナパ洞窟
Wai'ānapanapa

　この洞窟はハナに近いワイアナパナパ州立公園内にあります。ブラックサンドビーチやキャンプ場もある大きな公園で、昔のハワイアンの住居やヘイアウ跡、墓地なども発見されています。公園内にはいくつか洞窟があるのですが、このワイアナパナパ洞窟には真水がたたえられていて、今は人々が楽しそうに遊ぶ姿も。

　実はこの洞窟にはつぎのような悲しい物語が伝えられています。

　昔、ポポアラエアという美しい女性が、残忍で嫉妬深い夫カカエから逃れてこの洞窟にやってきました。カカエは妻が浮気したと思いこんで怒り狂っていたのです。

　ポポアラエアはお付きの女性と一緒に洞窟内の水に入り、泳いで奥にある岩棚の上に上がって息をひそめて隠れていました。

　しばらくして妻を探しにやってきたカカエは、洞窟内の水面に王族の象徴である羽飾りのカヒリが映っているのを見て妻が岩棚に隠れていることを知り、妻とお付きの女性を殺してしまいました。そのとき洞窟の水は二人の血でまっ赤に染まったそうです。

　今でも春になると、クーの夜には赤エビが洞窟の底に集まるために、洞窟の水は血のように赤く染まるのだそうです。

【MEMO】
カフルイから360号線をハナに向かってすすみ、ハナの少し手前のワイアナパナパ・
ロードを左折した終点にある。道が細くカーブが多いので車の運転に注意。

Wai'ānapanapa State Park（要予約）
https://dlnr.hawaii.gov/dsp/parks/maui/waianapanapa-state-park/

Hawai'i

Maui

Moloka'i

Lāna'i

O'ahu

Kaua'i

歴史

36 ハナ
Hāna

　マウイ島の東端にあるハナは「天国のハナ」と呼ばれ、ハワイの原風景が残る緑豊かな美しい町。カフルイから車で2時間半ほど、細い道を進み、600以上のカーブを経てようやく到達すると、そこはよろず屋「ハセガワ・ジェネラル・ストア」、四つ星ホテル「トラバーサ・ハナ」、レストランが1軒ずつ、そのほかコンドミニアムやビーチのスナックショップしかないとても小さな町です。

　ここは昔から栄えていたところで、ハナ湾を望む一帯には集落跡が見られます。有名なハワイアンソング「ワイカロア」の舞台でもあります。

　1778年1月、イギリスの航海家キャプテン・クックがハワイを発見し、カウアイ島に上陸。同年11月マウイ島ハナを訪れます。ちょうどハナにいたハワイ島のチーフ、カラニオブウは、彼のもとで育てていた若きカメハメハたちを伴い、キャプテン・クック率いるレゾリューション号に乗り込んで過ごしました。その後、カメハメハと6人のチーフたちは一晩、レゾリューション号に滞在したそうです。

　19世紀後半にはサトウキビプランテーションで栄え、20世紀前半は人口3,300人にも達したとか。ハワイの歴史が凝縮されているハナ。ゆっくり過ごしたいですね。

【MEMO】
カフルイから360号線をひたすら東へ進む。車で2時間半ほど。道が細くカーブが
多いので車の運転に注意。ツアーガイドと一緒に行くことをお勧めします。

Hawai'i

Maui

Moloka'i

Lāna'i

O'ahu

Kaua'i

神話

37 カウイキ・ヘッド
Ka'uiki Head

　カウイキ・ヘッドはハナ湾に突き出た小さな山です。ハナはハワイ神話界のヒーロー、マウイが愛した場所。マウイはハナの霧雨や虹を眺めるのが大好きで、自分の娘にノエノエ・ウア・ケア・オ・ハナ（ハナの霧雨）と名前をつけたほどです。

　神話によると、娘ノエノエは年頃になり、カウイキという若者と恋に落ちます。しかし二人は決して結ばれることのない仲でした。なぜならカウイキは幼い時、波に乗ってメネフネのもとに運ばれてきた海の神カナロアからの贈り物で、いずれカナロアのもとに帰る運命にあったからです。ノエノエは父に助けてほしいと懇願します。マウイは心を痛めている娘の願いを聞き入れ、魔術を使ってカウイキを山に、ノエノエをその山にかかる霧雨に変えたのでした。

　ハナに行くと霧雨に包まれたカウイキを見ることができますが、今でも二人はそうやって一緒にいるというわけですね。

　ほかにもカウイキ・ヘッドには、マウイにまつわるこんな話が伝えられています。

　昔むかし、天は今のように高かったわけではなく、地面の近くまで低かったそうです。木や草は一生懸命に天を押し上げたので、そのときから葉っぱは平たくなりました。天が低いので人間も這って移動するしかありませんでした。

　ある時、マウイは水の入ったひょうたんを持つ女性と出会い、水を飲ませてもらいました。そしてそのお礼に天を持ち上げる約束をします。

　まずは低い天を思い切り押し上げると、現在の木の高さまで上がりました。さらに持ち上げると、カウイキの高さまで上がりました。カウイキに登って、ありったけの力をこめて天を突き上げると、今の高さまで高くなったということです。おかげで太陽の光も広く届くよ

うになり、人々の暮らしも楽になりました。

カウイキのあるハナは神話の宝庫。ほかにもクー神に関する有名な話の舞台にもなっています。

昔、このあたりにクーウラという男が、妻ヒナと息子アイアイと一緒に暮らしていました。クーウラは釣りの名人で、チーフお抱えの漁師でした。はじめてハナにフィッシュポンドを造ったと言われています。

ある時、クーウラは彼を逆恨みする者の策略にはめられて、チーフの怒りをかい、家ごと焼き殺されてしまいます。殺される直前、クーウラはアイアイに魚釣りについての秘密の知恵を授け、魔法の釣り針などの道具や魔法の石を託し、なんとか息子だけは逃がすことができました。その後、クーウラとヒナは焼き殺され、スピリットとなって海のかなたへと飛んでいきました。

その後、アイアイは父親から授かった魚釣りの秘密をハワイ中に広め伝えました。漁に出る前にクーウラの石に祈りを捧げ、最初に捕れた魚をクーウラとヒナに供えるのです。今でもハワイのいたるところにクーウラ・ストーンがあるのは、このためです。

また、カウイキの先にある小島には、カメハメハ大王最愛の妻カアフマヌが生まれた洞窟があります。カウイキ・ヘッドは歴史的にも重要な場所です。

【MEMO】
カフルイから360号線をひたすら東へ進む。車で2時間半ほどでハナに到着。ハナ湾の南側に突き出た岬。道が細くカーブが多いので車の運転に注意。

Hawai'i

Maui

Moloka'i

Lāna'i

O'ahu

Kaua'i

神話

38 カ・イヴィ・オ・ペレ
Ka Iwi O Pele

　カ・イヴィ・オ・ペレとは、ハワイ語で「ペレの骨」という意味。マウイ島東部ハナから少し南のコキ・ビーチから見ることができます。黒い溶岩が海に流れ込み、それが冷えて固まったのでしょう。その名のとおり、火山の女神ペレにまつわる重要な場所です。

　昔むかし、ペレは、神々の住むカヒキという場所からハワイへやってきました。ペレには火山の火を燃やし続けることのできる深い穴が必要でした。終の棲家を探して島から島へと旅をし、いくつか深い穴を掘るのですが、そのたびに後から追ってきた姉である水の女神ナマカオカハイに水浸しにされてしまいます。二人は火と水、昔から反りが合わなかったのでした（344ページ参照）。

　とうとうマウイ島ハナで二人は対決することになり、ペレは姉に負けてしまいます。そして体から抜け出たペレのスピリットはハワイ島へ飛んでいき、キラウエアに安住の地を見出して今でもそこで火を燃やし続けているのです。

　その戦いで負けたペレの体がカ・イヴィ・オ・ペレ。ハナのあたりは聖地と神話の宝庫です。ぜひ機会を作って、ゆっくり巡ってきてくださいね！

【MEMO】
カフルイから360号線をひたすら東へ進む。車で2時間半ほどでハナに到着。ハナ
湾より2.5キロほど南のコキ・ビーチから見ることができる。ハナまでは道が細くカー
ブが多いので車の運転に注意。ハナより先はひと気がないので、ツアーガイドと一
緒に行くことをお勧めします。

39 オヘオ・プール&キパフル
'Ohe'o Pool & Kīpahulu

Hawai'i

Maui

Moloka'i

Lāna'i

O'ahu

Kaua'i

　オヘオ・プールはハナの町からさらに南に下ったところにあり、川の流れの途中で階段状に写真のようなプールが連なる景勝地。ここは古くから王族たちの水浴び場として、カプとされていました。カプとは単なる禁止ではなく、神聖な場所なので侵してはならないという意味です。昔は、各プールに2人の見張り番がついていたそうです。

　プールはいくつか連なっていますが、そのうちの7つが魂を完璧なものにする聖なるプールとされています。正しい入り方は、最も低い海側の海水の混じったプールから入り、ひとつずつ上にのぼっていって最後は真水のプールへ入るという方法です。この7段階は人間の魂の7つの状態を表していて、水が清らかになるにしたがって魂もだんだんと完璧な状態になっていくと考えられました。7つ目のプールは最も大きく立派な滝があります。

　また、この渓谷は「オヘオ・カポ」とも呼ばれています。カポはフラや魔術の女神。ほかにもフラやカヌー造りの女神ラカの家だという話もあります。

　まずはハレアカラー国立公園のキパフル・ビジターセンターへ。オヘオ・プールを巡る30分ほどのトレイルがあります。途中には漁業の神をまつるクーウラ・ストーン、住居跡、ヘイアウ跡などがあり、かつてここがとても栄えていたことが分かるでしょう。

　以前、ここから出発するエコ・ツアーに参加したことがあります。キパフル山中のトレイルを2時間ほど歩くツアーで、橋を渡り、竹林の中を進んだ先に高さ120mの巨大なワイモク滝が待っていてくれました。ツアーの途中でハワイアンの一家が管理しているタロ畑を見学したときに、初めて「カネの石」を目にしました。カネ神は木の彫像で表されるのではなく、自然の立っている石で表されます。とても貴重な体験でした。

【MEMO】
カフルイから360号線を東へ進み、ハナを通り過ぎて、さらに13キロほど南へ下るか、カフルイから37号線を南下し、そのまま31号線を東に進む。どちらもカフルイからかなりの距離があり、道幅が狭いところがあるので、ツアーガイドと一緒に行くことをお勧めします。

Kipahulu District, Haleakalā National Park
https://www.nps.gov/hale/planyourvisit/kipahulu.htm

Hawai'i

Maui

Moloka'i

Lāna'i

O'ahu

Kaua'i

神話

40 カウポー
Kaupō

　カウポーのあたりは、カヌーに最適な浜もあり、かつて多くの人が住み栄えていた場所です。ヘイアウ跡やペトログリフも発見されています。

　ここにはカネとカナロアが旅の途中に立ち寄って、このあたりからハレアカラーをのぼっていったという神話が伝えられています。

　ほかにも樹皮布タパの材料ワウケの木はここから生まれたという神話もあります。

　昔むかし、マイコハという青年がカプを破った罪で家を追い出され、カウポーにやってきました。彼の姉たちがマイコハを探しにやってくると、ワウケの木が生えているのを見つけました。その産毛が生えている葉が、毛深いマイコハそっくりだったので、姉たちはすぐにその木が弟だと分かりました。ワウケの木の根元を掘ってみると、そこにはマイコハのピコ（臍の緒）があったということです。

　カウポーから先の丘はとても美しく雄大です。ハレアカラー山からの斜面、緑の草地、青い海・・・ここに来た人だけが堪能できるすばらしい景色。ハレアカラーへの登山道カウポー・トレイル入り口には、このあたり唯一の店カウポーストアがあります。ぜひ休憩に立ち寄ってみてください。

【MEMO】
カフルイから360号線を東へ進み、ハナを過ぎてから、さらに30キロほど南下するか、カフルイから37号線を南下し、そのまま31号線を東に進む。どちらもカフルイからかなりの距離があり、道幅が狭いところがあるのでツアーガイドと一緒に行くことをお勧めします。

Hawaiʻi

Maui

Molokaʻi

Lānaʻi

Oʻahu

Kauaʻi

◎ 神話コラム　四大神2「カネ＆カナロア」

　ハワイの神々の中でカネ、カナロア、クー、ロノは四大神として尊ばれています。ここではカネとカナロアをご紹介します。神々の国カヒキからやってきたカネとカナロアは、ハワイの島々を旅します。カネは手にしているカウイラの木でできた杖を地面に突き刺すとそこから新鮮な湧き水が現れ、その水でカナロアは持っていたアヴァという植物を使って飲み物を作り喉を潤したという話がハワイ各地で伝えられています。

　カネは新鮮な湧き水、生命、太陽、東に関連し、カナロアは深海、海風、西、病気の治療に関連します。

◎ 神話コラム　カネとカナロアの旅

　ある時、カネとカナロアは旅をしていました。太陽が照りつける暑い日で、そこは泉も川もない乾燥した地域でした。

　カナロアが言いました。

「そろそろ疲れた。喉がからからだ。どこかに泉はないだろうか？」

　カネがこたえました。

「もう少しの辛抱だ」

　カナロアは持っていたアヴァの根を差し出しました。

「アヴァを作るために、新鮮な水が必要だ」

　アヴァは昔から神聖な飲み物とされています。アヴァの根を叩き潰し、水に混ぜて漉して作ります。

　しばらくしてカネは言いました。

「さあ、ここに水があるぞ！」

　カネは、手にしていたカウイラの木でできた杖を思い切り地面に突き刺しました。するとそこから水が勢いよく湧き出しました。

　カナロアは喉をうるおしてから、その水を使ってアヴァを作りました。

　カネが湧き出させた泉は「カネの水」と呼ばれ、病を癒し、死んだ人を蘇らせる力があると伝えられています。このような話はハワイ各地に伝えられています。

Hawai'i
Maui
Moloka'i
Lāna'i
O'ahu
Kaua'i

歴史

41 カナハ・ポンド
Kanahā Pond

　カフルイの街を車で走っていると、広大な池カナハ・ポンドを目に
します。カナハ・ポンドは王族のためのフィッシュポンドでした。ピ
イラニの息子のキハアピイラニが造ったとも、カピイオホオカラニと
いうチーフが造ったとも言われています。

　カピイオホオカラニはオアフ島とモロカイ島のチーフで、この
フィッシュポンドを造るためにオアフ島とモロカイ島から人を連れて
きて、バケツリレーのように石を一つずつ手渡しで運んで造らせたそ
うです。1971年に国立自然保護区に指定されています。

　カナハ・ポンドは真水と海水が混ざる豊かな池・湿地帯で、50種類
もの野鳥が生息しています。アラエ、アエオ、コロア、ハワイ州の鳥
ネーネーが見られます。ほかにもサギ、フクロウ、チドリなど。つい
通り過ぎてしまいがちですが、ぜひ立ち寄って、ゆっくりバードウォッ
チングを楽しんでください。

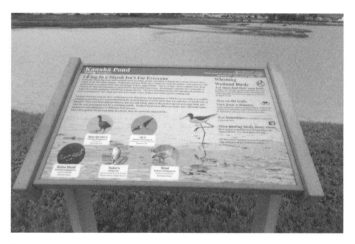

【MEMO】
カフルイ空港の隣に位置する。空港からケオラニ・プレイスを道なりに進むと右側に
カナハ・ポンドの駐車場入り口がある。

Hawai'i

Maui

Moloka'i

Lāna'i

O'ahu

Kaua'i

神話

42 イアオ渓谷
ʻĪao Valley

　イアオ渓谷は西マウイのほぼ中央に位置します。古くから王族やカフナに好まれたマナに満ちた聖地。この渓谷には、たくさんの王族の遺骨が埋葬されていると言われています。王族の遺骨には強いマナが宿っているために、悪用されないよう番人が守っているのだとか。かつてカラーカウア王がイアオ渓谷の調査を行いましたが、結局王族の遺骨は見つかりませんでした。

　ここは歴史的にも重要な場所です。かつてカメハメハ大王がマウイ島に攻め込み、最後にマウイ軍をこのイアオ渓谷に追い詰めました。カメハメハ大王は勝利を収めましたが、双方に多数の死者を出し、イアオ川は血で真っ赤に染まったと伝えられています。

　緑豊かな渓谷を訪れると、中央に威風堂々とそびえる不思議な形をした山、イアオ・ニードルが目を引きます。谷底から高さ約365m。神秘的で近づきがたい雰囲気がありますね。

　昔、とても美しい娘がいましたが、その美貌に嫉妬する女性たちから、耳障りな声のせいで恋人にふられたとあらぬ噂を立てられ、それを苦にイアオ・ニードルから身を投げたという伝説があります。マナに満ちた聖地でも、人間の争いは起こるのですね。

【MEMO】
カフルイ空港から36号線を西に進み、そのまま32号線に入り、やがてイアオ・ヴァ
レー・ロードを突き当りまで進む。

ʻĪao Valley State Monument
https://dlnr.hawaii.gov/dsp/parks/maui/iao-valley-state-monument/

43 ハレキイ＆ピハナカラニ・ヘイアウ
Haleki'i Heiau & Pihanakalani Heiau

　ハレキイ・ヘイアウは写真にその全貌が収まりきらないほど大きなヘイアウで、きれいに修復され、管理されています。崖に沿って階段状に石垣が築かれ、昔は各石垣の中に草ぶきのハレ（家）が立てられ、儀式が行われていました。眼下にカフルイの街を見渡すことができるので、ここから人々の様子を見たり、敵の侵入を見張ったりしていたのでしょう。

　少し離れたところにピハナカラニ・ヘイアウがあります。カヘキリの時代からクーに捧げられたルアキニ・ヘイアウとして使われてきました。

　ここはカメハメハ大王の聖なる妃ケオープーオラニが生まれた場所だとも伝えられています。

　どちらのヘイアウもいつ造られたのかは定かではありません。伝説によればメネフネが一夜で造ったとされています。メネフネというのは、ハワイ神話に登場する小人たちのこと。昼間は山の中にいて、石を削る人、運ぶ人、積み上げる人と役割分担をして、ヘイアウやダムなどを一晩で築き、夜明け前に山へ帰っていきます。ここのヘイアウの石はイアオ川から運ばれてきたとのことですので、メネフネたちがバケツリレーのごとく石を運んだのでしょうね。

【MEMO】
カフルイから340号を海沿いに北上。イアオ川を渡り、クヒオ・プレイスを左折。すぐにヘア・プレイスを左折。突き当りまで進みます。ひと気がないのでツアーガイドと一緒に行くことをお勧めします。

HALEKIʻI-PIHANA HEIAU STATE MONUMENT
https://dlnr.hawaii.gov/dsp/parks/maui/halekii-pihana-heiau-state-monument/

Hawai'i

Maui

Moloka'i

Lāna'i

O'ahu

Kaua'i

神話

44 ハレアカラー
Haleakalā

ハレアカラーは標高3055m、マウイ島で一番高い山です。山は神の住む領域ですが、中でもハレアカラーは特別です。昔は選ばれたカフナやチーフしか足を踏み入れることができませんでした。当時はタパをまといティの葉で作った蓑を身に着け、ティの葉で編んだサンダルを履いてごろごろした岩山を登りました。

山全体が聖地で、山頂にはいくつものヘイアウが建てられています。マウイ島の高位のチーフたちの遺骨も、この山のどこかの洞窟に隠されているそうです。

ハレアカラーは神話の舞台にもなっています。もっとも有名なのはマウイが太陽を捕まえた話でしょう。マウイがもっとゆっくり天を巡るよう、太陽との約束を取りつけることに成功したおかげで、現在のように昼が長くなったということです（136ページ、神話コラム参照）。

ほかにも火山の女神ペレが、永住の地を求めてカウアイ島からハワイ島までの旅の途中にハレアカラーに立ち寄ったという話もあります。

機会があったら、中腹の「レレイヴィ展望台」にも立ち寄ってください。レレイヴィとは、「飛ぶ骨」「骨の祭壇」という意味があります。亡くなった人の魂がここからあの世へ旅立つと言われています。

【MEMO】
カフルイから37号線を東へ進み、プカラニの町のあたりで377号線に入る。クラの
あたりで378号線に左折し、どんどん山を登っていく。頂上近くにハレアカラ・ビジ
ターセンターがある。カフルイから約2時間半ほど。ツアーに参加することをお勧
めします。

Haleakala
https://www.nps.gov/hale/index.htm

Hawai'i

Maui

Moloka'i

Lāna'i

O'ahu

Kaua'i

歴史

45 ポーハク・オ・マーアラエア
Pōhaku o Mā'alaea

　写真にあるこの2つの石は、カフルイから南に下ったマーアラエア
にあります。かつてこのあたりはハワイアンの集落があり、たくさん
の草ぶき小屋が立ち並んでいました。湾を見下ろす場所にはヘイア
ウが立てられていたそうです。ここには癒しの力を持つ新鮮な湧水
がありましたが、今は枯れてしまいました。かつてヘイアウに使われ
ていたたくさんの石の中から、唯一この2つの石だけが残され大切に
保管されています。

　片方の石は、調理台やナイフなどを削る石として使われ、もう片方
の石は、生まれた赤ん坊の臍の緒を置く神聖なポーハク・ピコ（臍の
緒の石）でした。

　ハワイではこのようなポーハク・ピコは各地で見られます。赤ん坊
の健康と幸福を願って石の下や割れ目に臍の緒を置くという習慣が
あったのです。我が子を思う親心はいつの時代も変わりませんね。

　この2つの石は、マーアラエア湾を望む桟橋近くの駐車場の隣の
芝生に安置されています。少し離れた場所から静かに見学させても
らいましょう。

【MEMO】
カフルイから380号線を南下、310号線のつぎの細いマアラエア・ロードを左折。マ
アラエア湾の桟橋の近くの駐車場。

46 コア・イ・カマオレ
Ko'a i Kama'ole

　コア・イ・カマオレは漁業のための神をまつるヘイアウです。コアとはハワイ語で漁場や、漁業のための神をまつる聖地を意味します。

　かつてこのあたりの海岸沿いの細長い土地に、多くのハワイの人々が住んでいて、乾燥した土地でも作物を育て、漁に出て生計を立てていました。昔ながらのハワイの暮らしが続いていたのですが、やがて宣教師や、捕鯨産業が盛んなときには船員が、そしてサトウキビ産業が盛んなときには労働者がやってきて、少しずつ景色は変わっていきました。森は失われ、リゾート開発が進み、昔のフィッシュポンドや漁場はなくなってしまいました。

　説明書きには昔の漁の写真が掲載されています。今は街の中にありますが、かつてこのあたりは昔ながらのハワイの人々の暮らしが営まれていたということを想像してみてください。

【MEMO】
カフルイから311号線を南下し、途中でノース・キヘイ・ロードからサウス・キヘイ・ロードに入りキヘイの町へ。ワイマハイハイ・ロードを右折。キヘイ公共図書館の駐車場脇。

Hawai'i

Maui

Moloka'i

Lāna'i

O'ahu

Kaua'i

神話

47 ワイレア
Wailea

　ワイレアのあたりは14〜20世紀にとても栄えていました。漁業や農業が盛んで、近くには泉が湧いていて、豊かな生活が営まれていたと思われます。ワイレアからハナまでの島の南側の海岸沿いはもっとも人口が集中していた地域で、大きな戦いに巻き込まれることもなく平和な場所だったそうです。現在、リゾート開発が進んでいますが、それでもまだたくさんの集落跡などがみられます。

　写真をご覧ください。奥にある2つの四角い石垣は復元された家の土台です。この石の土台の上に木で柱を立て、草ふき屋根の家が建てられていました。手前の大きな石垣の囲いの中では、料理をしたり日常的な作業をしたりしていたそうです。

　ここよりも北にある集落跡からは、食物や炉などの昔ながらのハワイアンの暮らしの形跡だけでなく、かつて白人がハワイにもたらした陶器の皿、陶製パイプ、香水瓶、コイン、ワインボトルなども見つかっているそうです。

　ハワイのいたるところに、激動のハワイの歴史がつまっていますね！

【MEMO】
カフルイから311号線を南下、道なりに31号線を進むとワイレア・アラヌイ・ドライブにでる。フォーシーズンズ・リゾートのあたりに車を停めて、歩いて「Wailea Beach Path」へ。

Hawai'i

Maui

Moloka'i

Lāna'i

O'ahu

Kaua'i

神話

48 モロキニ島
Molokini

　マウイ島南部キヘイ、ワイレア、マケナは手頃なコンドミニアムから大型リゾートホテルまでが立ち並ぶ、多くのハワイファンを魅了する地域。そのマケナの沖にクロワッサン形をしたモロキニ島が浮かんでいます。ここはダイビングやスノーケリングのメッカ。各種ツアー会社のボートで賑わっています。

　モロキニ島には、つぎのような神話が伝えられています。

　ハワイ島にすむ火山の女神ペレの恋人であるロヒアウは、この地で一匹のモオと浮気をしました。それを知ったペレは烈火のごとく怒り、そのモオをふたつに引き裂きました。そのモオの尻尾がマケナの南にあるプウオーライという山になり、モオの頭がその沖に浮かぶモロキニ島になったということです。

　ちなみにハワイ神話ではモオという怪物はよく女性の姿になって現れるので、ロヒアウも女性の姿に化けたモオと浮気したのでしょうか……。

　写真はちょっと分かりにくいですが左にプウオーライ・ヒル、遠くのカホオラヴェ島の右端にうっすらとみえるのがモロキニ島です。

【MEMO】
カフルイから311号線を南下、道なりに31号線を進み、ワイレアの町に出る。ワイレア・アラヌイ・ドライブを左折。しばらく行くと右手の海に浮かぶのがモロキニ島。

49 ケオネオーイオ
Keoneʻōʻio

Hawaiʻi

Maui

Molokaʻi

Lānaʻi

Oʻahu

Kauaʻi

　ケオネオーイオにはかつて大きなハワイアンの集落がありました。現在は大小さまざまな石が転がっている荒涼とした場所ですが、ところどころ住居跡らしきものが認められます。また一部は修復されているものもあります。

　このあたりは14～20世紀にとても栄えていました。1786年5月、フランスの探検家ラ・ペルーズがはじめてこの地を探索し、当時ここに4つの小さな漁村があったことを記録しています。もともとの地名はケオネオーイオですが、一般的にはラペルーズ湾と呼ばれています。

　この地には次のような神話が伝えられています。

　昔、夫婦とふたりの子どもが住んでいました。一家はペレの供物にする数羽の鶏を飼っていました。ある日、ひとりの老婆がやってきて鶏を食べたいと言ったのですが、一家に断られてしまいます。実は老婆は姿を変えたペレでした。ペレは烈火のごとく怒り、一家に向かって溶岩を流しました。母親と娘は山のほうで、父親と息子は海のほうで溶岩の固まりと化したということです。

【MEMO】
カフルイから311号線を南下、道なりに31号線を進み、自然とワイレア・アイク・ド
ライブに入って海のほうへ下っていくと、ワイレア・アラヌイ・ロードに出る。そこを
左折し終点まで行く。

Hawaiʻi

Maui

Molokaʻi

Lānaʻi

Oʻahu

Kauaʻi

◎ 神話コラム　マウイ

　マウイはハワイ神話界のヒーロー。好奇心旺盛で正義感にあふれ、さまざまなことにチャレンジします。マウイはとても古い神様なので、たくさんの神話が伝えられています。ハワイのミュージシャン IZ（イズラエル・カマカヴィヴォオレ）は『Maui Hawaiian Sup'pa Man』の中で、マウイが太陽を捕まえ、島を釣り上げ、火の秘密を突き止めたことを歌っています。神話を知っていると、より曲を楽しめますね。

◎ 神話コラム　マウイ誕生＆竹とアヴァを盗んだ話

　昔むかしのお話です。ある時、女神ヒナは浜辺に行くと、ふんどしが落ちているのに気づきました。ヒナは何気なしにそのふんどしを身につけたところ、妊娠をしたのです。そして元気な男の子を産みました。それがマウイです。

　マウイは、小さいころからじっとしていない子どもで、母親の言うことをまったく聞きませんでした。ヒナはマウイが特別な子どもだと気づいていましたが、どう扱ったらいいのかがわかりません。そこでヒナは、マウイをカネやカナロアが住む神々の国へ送ることにしました。神々の国に送られたマウイは、神と一緒に暮らしながら、儀式の方法や祈り方など、神として必要なことを学ぶことになったのです。

　カネとカナロアは、神々にとって大切な植物をたくさん育てていました。マウイはそれらの植物の中で、故郷に帰るときに密かに持ち出そうと思っていたものがありました。そのひとつがアヴァでした。アヴァの根から作る飲み物はカネの大好物。アヴァを飲むととてもリラックスして気分がよくなります。

　もうひとつの植物はオヘ（竹）でした。オヘには節がたくさんあり、よくしなるのが特徴です。マウイはオヘを魚釣りの竿に使ったり、水を入れる容器にしたり、縦に割ってナイフにしたら便利だと考えました。

　長い時間が経ちました。神々の国での生活に飽きたマウイは故郷に帰る決心をします。そしてカネとカナロアに見つからないようにしてアヴァとオヘを持ち帰り、母親ヒナに贈りました。こうしてマウイの冒険のおかげで、アヴァとオヘはハワイにもたらされたということです。

◎ 神話コラム　マウイが島を釣り上げた話

　マウイがまだ子どもの頃のお話です。兄たちはいつもカヌーに乗って釣りに出かけていましたが、マウイはまだ小さいので一緒に連れていってもらえませんでした。魔法の釣り針を持っているマウイは、それを試してみたくてしかたがありません。そこで、ある日マウイは兄たちに言いました。

　「ぼくを連れていってくれたら、たくさん魚を釣ってみせるよ」

　翌日、マウイは釣りに連れて行ってもらえることになりました。マウイはいつも兄たちが釣りをする場所よりも、はるか遠い沖のほうで釣りたいと言いました。そして魔法の釣り針をつけた糸を海へ垂らすと、海が大きく揺れました。大きな魚がかかったのです。

　マウイが兄たちに向かって叫びました。

「浜に向かってカヌーを漕いで！　絶対に後ろを振り返らないで！」

　兄たちは力いっぱいカヌーを漕ぎました。マウイは相当の大物を釣り上げたようで、カヌーは後ろに強く引っ張られます。

　「いったいどんな魚が掛かったんだ？」

　兄たちは不思議に思いながらも必死に漕ぎ続けました。海は大きくうねり、カヌーは激しく揺れます。魚との格闘は丸二日たっても終わりません。どれほど大きな魚がかかったのか、兄たちは気になってしかたありませんでした。

　「ちらっと見るだけならいいだろう」

　そう思った兄の一人が後ろを振り返ってしまいました。

　ブチッ！

　その瞬間に釣り糸が切れ、海の中からいくつかの島が現れました。マウイは大地を釣り上げようとしていたのでした。釣り糸が切れた衝撃で、大地が割れて、そのかけらが島となって現われたのです。

　この神話の舞台はキパフル沖だとも伝えられています。ほかにもマウイが釣り上げた島々がハワイ諸島になったという話や、そのとき釣り上げた大地のかけらがハワイ島ヒロにあるモクオラになったという話もあります。

◎ 神話コラム　マウイが火の秘密を見つけた話

　昔むかし、ハワイの人々が火の起こし方を知らなかったときのお話です。ある時、マウイは森の広場でアラエという鳥たちが火を起こしていることを知りました。アラエたちは、マウイが兄たちと一緒に海へ魚釣りに出かけている間に、密かに火を起こしてバナナを焼いて食べていたのです。

　そこでマウイは釣りに行かずに、隠れてアラエたちがどのようにして火を起こしているのかつきとめようと思いました。朝からずっと木陰に隠れて見張っていると、やがてアラエたちが集まってきて、小枝で何かをしている様子です。

　マウイは木の陰から飛び出していって、リーダーらしいアラエを捕まえました。

　「火の起こし方を知っているなら、みんなに教えろ！　さもないと命はないぞ！」

　アラエは、ティの茎を擦り合わせるのだとこたえました。すぐにマウイはティの茎を２本折って擦り合わせてみましたが、いくらやっても火は起きません。腹を立てたマウイは、アラエの首を締めつけました。

　つぎにアラエは、タロの茎を擦り合わせるのだと答えました。マウイは試してみましたが、やっぱり火は起きません。そんなことが数回繰り返されました。

　とうとうマウイは本気で腹を立て、アラエの首を強く締め上げました。アラエは観念して、乾燥したハウの木を擦り合わせるのだと白状しました。

　マウイが乾燥したハウの小枝を擦り合わせてみると小枝に火がつきました。火の秘密を手に入れたマウイは、その火のついた枝の先をアラエの頭に押しつけて、火の秘密を知っていることを示す赤いしるしをつけたのです。

　こうしてハワイの人々は、マウイのおかげで肉や魚や野菜を焼いたり、蒸したりして美味しく食べることができるようになりました。そしてこのときから、アラエの頭は赤いということです。

Hawaiʻi

Maui

Molokaʻi

Lānaʻi

Oʻahu

Kauaʻi

◎ 神話コラム　マウイが太陽を捕まえた話

　昔むかし、一日のほとんどが夜でした。そのために作物は育たず、人間も短い時間しか働けず、タパ作りの名人である女神ヒナも出来上がったタパを十分に乾かすことができずにいつも苦労していました。そんな母親を見ていたマウイは、よい方法を思いつきます。

　ある日、マウイはハレアカラーの山に登って岩陰で太陽を待ち伏せしました。やがて東から昇ってきた太陽の足をつぎつぎとロープで縛って身動きをとれなくさせました。そしてもっとゆっくりと空を移動するならロープをほどいてやると太陽をおどしたのです。最初、太陽は渋っていましたが、最終的に約束をとりつけることに成功したマウイは、ロープをほどいて太陽を解放しました。

　それ以来、昼は現在のように長くなったということです。

mo'o

50 ラハイナ＆ブリック・パレス
Lahaina & Brick Palace

　「残酷な太陽」という意味のラハイナは、文字通り降水量が少なく暑いことで知られています。町の中央にあるハワイ最大のバニヤンツリーの木陰は人々の憩いの場所です。

　カメハメハ大王はハワイ王国を建国し、最初の首都をハワイ島ヒロに置きましたが、つぎにラハイナに移しました。そのときに建てたのがブリック・パレス（煉瓦の宮殿）です。

　ブリック・パレスは1798年、カメハメハ大王がお気に入りの妃カアフマヌのために建てたハワイ最初の宮殿です。煉瓦造りの2階建てで窓ガラスがはめこまれた最先端の豪邸だったにもかかわらず、王妃のお気に召さなかったようで、彼女は昔ながらのハワイの草ぶきの家に住んだそうです。実際にカメハメハ大王がこの宮殿を使ったのはたった1年でした。

　ラハイナには「Lahaina Historic Trail」が整備されていて、セルフガイドで史跡巡りができます。カメハメハ大王の時代、捕鯨漁が盛んだった時代、さとうきび産業が盛んだった時代、移民の人たちについてなどラハイナの歴史に関する62か所の史跡を約1時間で巡ることができます。建物の中をゆっくり見学したい方はその分、時間に余裕をもってお出かけくださいね。

【MEMO】
カフルイから380号線を南下し、道なりに30号線へ入る。海沿いに西へと進むとラ
ハイナの町に到着。車で約40分。灯台のすぐ近く。
Lahaina Historic Trail の詳細は、Old Lahaina Courthouse の Lahaina Visitor Center
を訪ねてみてください。

51 ハウオラ・ストーン
Hauola Stone

Hawai'i

Maui

Moloka'i

Lāna'i

O'ahu

Kaua'i

　この癒しの石はラハイナ港のすぐ近くにあるので、誰でも簡単に見にいくことができます。ラハイナ灯台の右手の岸壁から下をのぞいてみると波の間にいくつかの黒い石が見えます。その中で、低い背もたれのある椅子のような形をした石がハウオラ・ストーンです。

　伝説によれば、敵から逃れてきた女性を、神々が石に変えて助けたのだそう。

　ハウオラ・ストーンは、昔から癒しの力があると言われています。かつてカフナは病人をこの石に座らせて、両足を海水につけて病を治す儀式を行っていました。ここは真水と海水が混ざる場所。ハワイではそのようなところはヒーリングの力があると信じられていたので、ここに病人が座っていると波が病を洗い流すのだと考えられたのです。またこの石には王族の女性たちが出産をするバース・ストーンの役割もありました。バース・ストーンとは陣痛をやわらげ、無事に赤ん坊が生まれることを促す力を持つ石のことです。ほかにもこの石の割れ目に、生まれてきた子どもの臍の緒を隠すポーハク・ピコの役割もあったようです。

【MEMO】
ラハイナ港の灯台近くの岸壁のすぐ下の海の中に見える。

52 マルウルオレレ&ワイオラ教会
Malu'ulu o Lele & Waiola Church

　ラハイナの東に「レレ（ラハイナの古い呼び名）のパンノキのシェルター」という意味のマルウルオレレ公園があります。昔ラハイナにはパンノキがたくさん茂っていたのでしょうね。

　今は埋め立てられて広場になっていますが、かつては豊かな水をたたえた大きなフィッシュポンドで、中央にはモクウラと呼ばれた島が浮かんでいました。モクウラとは「神聖な島」という意味で、その名のとおりマウイの歴代のチーフはこの聖なる島に住んでいたそうです。

　カメハメハ大王の聖なる妻ケオープーオラニとその娘ナーヒエナエナの遺骨も、この小島に納められていました。ケオープーオラニ王妃は当時最も神聖な女性で、カメハメハ大王でさえ彼女の前ではひざまずいたとか。娘ナーヒエナエナも母親の血を受け継ぎ、神聖な娘として称えられました。

　その後、二人の遺骨はすぐ近くのワイオラ教会の墓地に移されました。ケオープーオラニ王妃は、カメハメハ大王が亡くなったあと積極的にキリスト教をハワイに導入し、マウイに布教の拠点をつくったことでも知られています。彼女は亡くなる直前に、ハワイではじめて洗礼を受け、葬儀はキリスト教様式で行われました。

　この墓地にはカウアイ島最後の王カウムアリイをはじめ、たくさんの王族関係の方が眠っています。こちらは教会の墓地ですので、訪れる際には教会に確認してください。

　現在、マルウルオレレ公園は自由に入ることができません。近年、この地を昔のような聖地に復元するプロジェクトがはじまっているようです。これからが楽しみですね。

【MEMO】
ラハイナの町の中央にあるバニヤンツリーのあたりから、フロント・ストリートを南下
した左手にある。徒歩５分。

53 ポーハク・モエモエ＆ポーハク・ワヒネ・オ・マヌア
Pōhaku Moemoe & Pōhaku Wahine o Manua

「ポーハク・モエモエ」とは"モエモエの石"という意味。この石はマウイ島カアナパリにあるゴルフコース脇の植え込みに隠れるように横たわっています。もともとモエモエはマウイの友達だったのですが、石にされてしまいました。それにはつぎのような話が伝えられています。

マウイはポジティブな行動派ですが、モエモエはいつも疲れたといって寝てばかりいる怠け者でした。

ある時、マウイは母親ヒナのために太陽を捕まえてもっとゆっくり空を巡るように約束をとりつけるという決心をします。それを聞いたモエモエはこう言いました。

「その前にまず休みなよ。そうでないと失敗するよ」

そんなモエモエの言葉など意に介さず、マウイはすぐにハレアカラーに登り、太陽を捕まえてもっとゆっくり空を巡る約束をとりつけることに成功しました。

計画がうまくいって意気揚々と帰ってきたマウイは、モエモエに会いに行きました。相変わらず何もしないで居眠りをしている怠惰なモエモエを見て、マウイはだんだん腹が立ってきました。自分は何もしないくせに人のやることにケチをつけたからです。マウイは寝ているモエモエを石に変えてしまいました。そのため今でもモエモエは静かに眠り続けているそうです。

左奥にある石はポーハク・ワヒネ・オ・マヌア。昔むかし、虐待する夫のもとから逃げてきた女性がこの石の陰に隠れて日の出を待ち、その後この地を去って二度と戻らなかったと伝えられています。どんな思いで一晩過ごしたのでしょう。何も知らなければ見過ごしてしまいそうな石ですが、神話や伝説を知ると、ぐっと興味が湧いてきますね。

【MEMO】
ラハイナより30号線を北上、カアナパリ・パークウェイを左折。ゴルフ場を右手に見ながら、つぎのケカア・ドライブを右折。ゴルフ場の間を通り抜けたあたりの左側。カアナパリ・ゴルフ・コースで確認してください。

Hawai'i

Maui

Moloka'i

Lāna'i

O'ahu

Kaua'i

54 プウ・ケカア
Pu'u Keka'a

　プウ・カケア、別名ブラック・ロックは、カアナパリを代表するリゾートホテル、シェラトン・マウイが建つ岬の突端にあります。この岬はレイナ・ア・カ・ウハネという神聖な場所。亡くなった人の魂が肉体から離れると、ここからあの世へ行くのだと考えられています。

　かつて岬の上にはヘイアウが築かれ、たくさんの遺骨が埋葬されていました。この周辺は農業や漁業でとても栄えていたそうです。

　マウイ島最後の王カヘキリは、好んでこのプウ・ケカアから海に飛び込みました。それはレレ・カヴァと呼ばれ、水しぶきを上げないようにして足から飛び込む方法です。

　カヘキリは体格がよく、物静かで、たくさんのマナを持つカリスマ性のある偉大な王。ハワイ語で「雷」という名前のとおり、自分は雷神カネヘキリの子孫であると公言し、右半身の頭からつま先まで黒い刺青を施していたと言われています。魂があの世へ行く場所であるこの岬から飛び込んでも、傷ひとつ負わずに生還できるのは神の子だからだという証明だったわけです。その飛び込みを目の当たりにした戦士たちは、マナに満ち溢れた偉大な王のために戦おうと決意したことでしょう（154ページ、歴史コラム参照）。

　シェラトン・マウイでは夕日が落ちるころに、この岬から飛び込みをするパフォーマンスを披露していました。機会があったらぜひ見てみてくださいね。

　このあたりは大きなアフプアアで、タロをはじめとする畑が広がり、農業や漁業で栄えていました。「カアナパリ・ヒストリカル・トレイル」が整備されているので、カアナパリに関する歴史や神話にまつわる場所を巡ることができます。

【MEMO】
ラハイナより30号線を北上、カアナパリ・パークウェイを左折。ゴルフ場を右手に見ながら突き当たりまで進む。ビーチの北側に黒い岬が見える。
Kā'anapali Historical Trail については、Kā'anapali Beach resort の各ホテルでお尋ねください。

55 ドラゴン・ティース
Dragon Teeth

Hawai'i

Maui

Moloka'i

Lāna'i

O'ahu

Kaua'i

　海に向かって、サメの歯またはドラゴンの歯のように岩が並んでいます。もちろん自然が作ったアート。かつて火山活動が活発で溶岩が噴出していたころ、溶岩流がどんどん海に流れ込みました。同時に強い波が打ち寄せ、強い風にあおられて、溶岩はこのように切り立った形で冷えて固まり、ちょうどサメの歯（ドラゴンの歯）のようになったというわけです。

　誰でも見学に行けますが、ここはとても神聖な場所であることを覚えておいてください。もともとこの場所は古くからハワイアンの墓地だったところ。ぜひ敬意を払い謙虚な気持ちで訪れましょう。場所はマカルアプナ岬の右側の岸壁です。

【MEMO】
ラハイナより30号線を北上、カアナパリ、ホノコワイ、ナピリを通りすぎると、やがてふたたび左手に海が見えてくる。ロワー・ホノアピイラニ・ロードを左折、ＤＴフレミング・パークに到着。徒歩でマカルアプナ岬へ向かう。

Hawai'i

Maui

Moloka'i

Lāna'i

O'ahu

Kaua'i

歴史

56 ベル・ストーン
Bell Stone

　このベル・ストーンは、写真では大きさが分かりにくいと思うのですが、高さ2mぐらいある巨大な石です。この石の山側を棒で叩くと金属的な音がすることから、ベル・ストーンと呼ばれています。ハワイ語ではポーハク・カニといいます。

　かつてハワイの人々は、このような音のする石をコミュニケーションの手段として使っていました。チーフがやってくることを知らせたり、チーフに子どもが生まれることを知らせたり、敵がやってくるのを知らせたりするものです。このような石はハワイの各地で見られます。

　このベル・ストーンは340号線の山側の道路脇にあるのですぐに分かります。

【MEMO】
ラハイナより30号線を北上、カアナパリ、カパルアを通りすぎ、海岸沿いの曲がり
くねった細い道をしばらく進むとカハクロア湾の手前で右手の山側に大きな石があ
らわれる。
またはカフルイから340号線を北上し、カハクロア湾を超えると左手の山に石がみ
えてくる。

Hawaiʻi

Maui

Molokaʻi

Lānaʻi

Oʻahu

Kauaʻi

歴史

57 カハクロア岬
Kahakuloa Head

　カハクロア岬は、西マウイの北部にあります。西マウイは、なんといっても景色が美しく、観光地化されていないので、昔ながらのハワイの原風景を見ることができます。カハクロア湾に突き出た高さ200mほどの岬は、青い海と緑に覆われた曲線がとても美しく映えます。

　ここは18世紀半ばの偉大なるチーフ、カヘキリにまつわる場所です。ハワイ語で「雷」という名前のとおり強力なチーフで、頭から足の先まで、体の半分に黒い刺青をしていたそうです。彼の側近たちも同じような刺青をしていたとも伝えられています。カメハメハ大王の実の父親だったという話もあります。

　カヘキリは自らの力を誇示するために、このカハクロア岬から海に飛び込む、「Kahekili's Leap（カヘキリの飛び込み）」を行いました。そして家来たちにも命じて勇気を試したそうです。カアナパリのプウ・ケカアをはじめ、マウイ島だけでなくラナイ島にも、カヘキリは同じように海に飛び込んで自分の強さを示したと伝えられる場所があります（154ページ、歴史コラム参照）。

【MEMO】
ラハイナより30号線を北上、カアナパリ、カパルアを通りすぎ、海岸沿いの曲がり
くねった細い道をしばらく進むとカハクロア湾が見えてくる。湾の東側に突き出た
岬がカハクロア岬。カハクロア湾を見下ろす崖の上に飲み物や軽食を売るスタンド
のあたりに車を停めて眺めるのがおすすめ。
またはカフルイから340号線を北上し、カハクロア湾を超えて、上記のスタンドに向
かってください。

◎ 歴史コラム　カヘキリ

　カヘキリは東マウイのハリイマイレで生まれました。父親はマウイを統治するケカウリケ王。母親は位の高い女性チーフのケクイアポイヴァヌイ。王家に生まれ育ったカヘキリは、やがて身長2m、体重130キロを超えるたくましい青年に成長しました。顔立ちもよく、性格は物静かで、強い意思の持ち主でした。自分は雷神カネヘキリの子孫だと公言し、右半身の頭から足のつま先まで黒い刺青を施していたといわれます。

　一人でいることを好み、妻や他のチーフたちとも距離を置いていました。高台の家に住み、ごく数人の気を許した者だけをそばに置き、謀反を起こす者がいないかどうか、夜になるといろいろな所に出かけて監視したそうです。

　カヘキリはあらゆるスポーツやゲームに長けていました。中でもウルマイカという、円盤状の石を木の杭の間に滑らせるボーリングのようなゲームと、レレカヴァという、50メートル以上もの高い崖の上から海に飛び込むゲームが得意でした。

　マウイ島やラナイ島には、カヘキリがレレカヴァを行ったと伝えられている場所があります。最も有名なのは、マウイ島カアナパリにあるプウ・ケカア。亡くなった人の魂があの世にいく場所だと言われていたので、そこから海に飛び込むことは死を意味するのですが、たくさんのマナを持つカヘキリは生還できたというわけです。

　1765年、カヘキリは兄からマウイ島、モロカイ島、ラナイ島、カホオラヴェ島、オアフ島の領地と支配権を引き継ぎ、王になりました。けれどもそれだけでは満足しませんでした。全ての島を手中に収めたいと思ったのです。そこで戦いの神クーを祀るヘイアウを建て、神の力を借りて野望を達成していきました。

　1775年、ハワイ島の王カラニオプウがマウイ島を攻めてきました

が、カヘキリは見事に撃退。その後、1年間準備を整えたカラニオプウは再度戦いを挑んできましたが、カヘキリはオアフのチーフと同盟を組んで迎え撃ちました。この戦いはハワイ歴史上、もっとも凄惨な戦いのひとつだと言われています。カラニオプウ軍には、若きカメハメハ1世も参戦していました。

　優れた戦略家であり、規律に厳しいリーダーだったカヘキリ。ルールを破り、謀反をおこす者には容赦はありませんでした。オアフ島のチーフが横暴な振る舞いをしたときには、すぐに兵を差し向けて処刑。また、オアフ島の各地のチーフたちが、クーデターを企てていると知れば、彼らの領地に住む全ての人々を殺し、子孫を根絶やしにしました。

　その一方で、人々の生活を楽にするための改革も積極的に行っていたのです。道を整備し、水の分配に関する法律を定めました。

　こうして長きにわたってカヘキリの統治は続き、それがカメハメハ1世がハワイ統一を成功させた布石になりました。実は、カメハメハ1世の実父はカヘキリではないかと言われています。それが本当であれば、歴史はさらにドラマティックに展開します。マウイの王である父と、ハワイの王である息子は幾度となく戦いを交えますが、やがて年老いた父は息子に白旗を掲げることになるからです。

　ある時、カヘキリのもとへ、カメハメハの使者がやってきて、ウルマイカのゲームに使う白と黒の2つの石を差し出しました。

　石を受け取ったカヘキリは言いました。

「白い石は農業や漁業によって人々が生きることを表し、黒い石は戦いを表す」

　それは戦うか降参するかを迫る、カメハメハからの宣戦布告でした。カヘキリはしばらく考えてから口を開きました。

「カメハメハに告げよ。黒いタパがわたしを覆い、黒い豚が捧げられるときこそ、石を投げる時だと。神の計らいで灯火が消えたときに、この土地を奪うがよい」

　自分の死期を知っていたのか、老いたカヘキリは、ライバルでもあり、もしかしたら息子でもあったカメハメハに、自分が死ぬまでは戦いをしないでほしいと頼んだのでした。

　そして1794年、カヘキリはオアフ島ウルコウで亡くなりました。

◎ 歴史コラム　カメハメハ2世

　リホリホ（1797年〜1824年7月14日。諸説あり）は、母親ケオープーオラニの血を受け継いだ神聖な存在でした。父親であるカメハメハ大王でさえ、リホリホの前では常に仰向けに横たわり、「わたしのチーフ」といって胸の上に乗せていたそうです。リホリホは5歳で後継者に任命され、王として必要な知識を教え込まれました。

　1世である父親が亡くなり、21歳（諸説あり）のリホリホが即位。まだ若いということで、育ての親でもあった1世の妻カアフマヌが摂政となります。

　この頃には、欧米文化の影響を受けて、ハワイの人々の物の見方がどんどん変わっていきました。外国人はハワイに昔からあるカプを破っても災いが起こらないことを見て、昔ながらの神を信じなくなる者もあらわれました。1世の死後、わずか半年でカプは廃止。各地のチーフたちは白檀を外国に売って力をつけていきました。また米国の捕鯨船が多数来航するようになり、ビジネス都市が形成されました。王を中心とする絶対社会が瞬く間に崩れていったのです。

　1823年、2世は王妃カマーマルとともに保護を求めて英国へ旅立ちます。しかし二人は英国で病死。当時の国王ジョージ4世との面会は叶いませんでした。王はまだ26歳（諸説あり）の若さでした。二人の遺体は、英国軍艦によってハワイに運ばれたそうです。

　ハワイを離れて英国へ助けを求めにいった若き王の決断と、思い半ばで亡くなってしまった無念さを考えると切なくなりますね。

Hawai'i

Maui

Moloka'i

Lāna'i

O'ahu

Kaua'i

◎ 歴史コラム　カメハメハ3世

カウイケアオウリ（1814年3月17日〜1854年12月15日）は、兄リホリホが王位についてすぐに、母ケオープーオラニに呼び出されて一緒に食事をとり、男女が一緒に食事をしてはならないというカプを侵し、それがカプ廃止へとつながりました。

2世が亡くなり、まだ幼いカウイケアオウリが3世を宣言。引き続きカアフマヌが摂政となります。子どものころから宣教師に英語を教わり、教育の重要性を感じた王は、たくさんの学校の設立に尽力しました。

カアフマヌが亡くなると、3世の異母姉キーナウが摂政となりました。やがてキーナウや他のチーフたちを中心とする政治に不満を募らせた王は、新しい法律を撤回。政治の世界からキーナウやチーフたちを排除。昔ながらのハワイの習慣を復活させました。当時、白檀交易は廃れ、ハワイ王国の経済を支えていたのは捕鯨産業でした。外国船員によって酒やギャンブルが蔓延していたハワイでは、秩序がなくなり、人々は学校や教会へも行かなくなってしまいました。

1834年、20歳を過ぎたばかりの3世は王家の血筋を守るために妹ナーヒエナエナと結婚。昔のハワイでは普通のことでしたが、宣教師やキリスト教に改宗したチーフたちの猛反対にあい、7カ月後に離婚。ほかにも王はさまざまなことを試みたものの、国を立てなおすまでには至りませんでした。王は再びキーナウを摂政に戻し、チーフたちによる議会を再開。キーナウの息子アレクサンダー・リホリホを養子に迎え、カメハメハ4世として育てることにしました。その後、チーフたちの勧めた女性と結婚。皮肉なもので、欧米のやり方を復活すると、再びハワイに秩序が戻ったのです。

3世は、ハワイの人々と外国人たちとの板挟みにあい、なんとか折り合いをつけようと奮闘しました。「土地分割法」を制定したのもそ

の結果です。王家、政府、チーフと一般人とで3分の1ずつ土地を分けるという法律でしたが、政府や一般人の中には外国人が多く含まれていたので、結果的にハワイは土地の多くを失ってしまうことになりました。

　1843年、一時的にハワイはイギリスに支配されましたが、その後、英国海軍将官の助けでハワイ王国が復活。3世のスピーチの一節が、いまでもハワイ州のモットーとなっています。

「Ua mau ke ea o ka ʻāina i ka pono　（大地の生命は正義の元に永続する）」

Hawai'i

Maui

Moloka'i

Lāna'i

O'ahu

Kaua'i

カパルア ●55

56 57

54
53

ワイルク
42

43

41

50 ● ラハイナ

51
52

45

クラ

46

47 ● ワイレア

48
モロキニ島

49

41 カナハ・ポンド
42 イアオ渓谷
43 ハレキイ&ピハナカラニ・ヘイアウ
44 ハレアカラー
45 ポーハク・オ・マーアラエア
46 コア・イ・カマオレ
47 ワイレア
48 モロキニ島
49 ケオネオーイオ
50 ラハイナ&ブリック・パレス
51 ハウオラ・ストーン
52 マルウルオレレ&ワイオラ教会
53 ポーハク・モエモエ&ポーハク・ワヒネ・オ・マヌア
54 プウ・ケカア
55 ドラゴンティース
56 ベル・ストーン
57 カハクロア岬

33

34

35

ハナ 36
37

38

44 ▲
ハレアカラー

39

40

Hawai'i

Maui

Moloka'i

Lāna'i

O'ahu

Kaua'i

モロカイ島
Island of Moloka'i

Hawai'i

Maui

Moloka'i

Lāna'i

O'ahu

Kaua'i

神話

58 ハーラヴァ渓谷
Hālawa Valley

　今ではとても素朴でのんびりとしたモロカイ島ですが、昔はハワイ最強のカフナがいたことで知られていました。ハワイ各地のカフナが知恵を授けてもらうためにモロカイ島にやってきたそうです。

　その最強のカフナが住んでいたのが、東部のハーラヴァ渓谷。この渓谷には、AD600年ごろから人々が定住してコミュニティーを形成していました。タロ畑のための灌漑施設が整備され、1,000人もの人々が暮らしていたそうです。大きなヘイアウを中心にいくつものヘイアウが点在し、カフナの修行場としての役割もありました。

　伝説によると、このハーラヴァ渓谷にはラニカーウアという魔術を使う強力なカフナがいました。ラナイ島のカフナと対決し、お互いに魔術をかけあって亡くなるのですが、このラニカーウアは息を引き取る前に、自分の墓の上にククイの木を植えるようにと息子に命じました。ラニカーウアのククイの林はハーラヴァ渓谷近くの高台にあります（198ページ、神話コラム参照）。

　昔はとても栄えていたハーラヴァ渓谷ですが、1946年と1957年に津波に襲われ、さらに鉄砲水によって村は壊滅、現在はかつての賑わいが嘘のように数件の家が残るだけの静かな谷となっています。

【MEMO】
カウナカカイの町から450号線をひたすら東へ向かう。車で約50分。渓谷に近くなってくると道幅も狭くなりカーブも多いので運転に注意。

59 ポーハク・ハーヴァナヴァナ
Pōhaku Hāwanawana

ポーハク・ハーヴァナヴァナは、ハワイ語で「囁く石」という意味。石垣の一部のような、ブロックを積み重ねたような不思議な形をしている石です。

これは漁師が海に出る前に、この石に「たくさんの魚が釣れるようお助けください」と囁くと、望み通りにたくさんの魚が釣れるといわれています。

高さは1m60cm、横が1mとかなり大きく、道路脇の少し高くなっているところにあるので見つけやすいでしょう。少し離れたところから見ただけですが、お供え物などがなかったので、あまり人は訪れていないように感じました。

ハーラヴァ渓谷へ行く途中にありますので、ぜひ見つけてくださいね。途中、かなり細く曲がりくねった崖道を通りますので、運転にはくれぐれも注意してください。このあたりは、ここに来なければ味わえない絶景が広がります。何もないのがモロカイのいい所。のんびり聖地巡りもお勧めです。

【MEMO】
カウナカカイの町から450号線をひたすら東へ進む。やがて道が北にむかって山の中にはいったら右側を注意しながら進んでください。道幅も狭くなりカーブも多いので運転には注意してください。

60 セント・ジョセフ教会
St. Joseph's Church

モロカイ島は道がとてもシンプルです。唯一の町カウナカカイから東へ向かう道は海沿いの道1本しかありません。その途中に小さな白い教会があるのですが、それが1876年、ダミアン神父によって建てられたセント・ジョセフ教会です。

モロカイ島で3番目に古い教会ですが、常に人がいるわけではなく、月1回のミサが行われるだけのようです。でも教会のドアはいつでも開いていて、誰でも受け入れてくれます。

教会の右手からはダミアン神父の像が見守ってくれています。カラウパパを下るミュール・ツアーに行くのはなかなか難しいという方も、ぜひモロカイ島に行ったらこの教会を訪れて、ダミアン神父の偉業やハンセン病患者の歴史について学んでくださいね。

このセント・ジョセフ教会から6マイル東にある Our Lady of Sorrows もダミアン神父が建てた教会です。

【MEMO】
カウナカカイの町から450号線を東に向かって15分ほど。右側に白い教会がある。

Hawaiʻi

Maui

Molokaʻi

Lānaʻi

Oʻahu

Kauaʻi

◎ 歴史コラム　ダミアン神父

　ダミアン神父は、いまでもハワイで称えられている偉人のひとりです。ワシントンにあるアメリカ合衆国議会議事堂には、各州の歴史上の偉人の彫像が展示されているのですが、ハワイ州からは、カメハメハ大王像とダミアン神父像が寄贈されています

　1840年、ダミアン神父はベルギーのトレーメロで生まれました。その後、兄の勧めでカトリック教会に入信します。修道名はダミアン。1864年、宣教師としてハワイへ派遣される予定だった兄がチフスにかかり、代わりにまだ神学生だったダミアンが志願してハワイへ赴任。その後ホノルルで司祭となり、1873年、モロカイ島カラウパパへ派遣されます。

　1778年のキャプテン・クックの来航以来、白人がハワイを訪れるようになるとともにインフルエンザ、天然痘、コレラ、麻疹、性病などの病気が持ち込まれ、免疫のないハワイアンは次々と命を落とすようになりました。恐れられた病気のひとつがハンセン病でした。

　1865年、カメハメハ5世はハンセン病蔓延予防法にサインし、患者をカラウパパに隔離するという政策をとりました。今では医療が進歩してハンセン病は不治の病ではないのですが、治療法がなかった当時は、病気が広がるのを防ぐためにはやむを得ないことだったのかもしれません。けれども悲劇をさらに深刻なものにしたことは事実です。なぜなら、患者を何もないカラウパパに置き去り同然にしていたからです。患者たちは、自ら建てたほったて小屋のようなところで、ただ死を待つばかりでした。1867年には形ばかりの病院が作られましたが、医師はいませんでした。また人々の心のよりどころとなる教会もなかったのです。たまに牧師が訪れて、集会が行われるだけでした。

そこに一筋の光がさしました。ベルギー出身の宣教師、ダミアン神父の赴任です。当初は数カ月の予定だったのですが、現地の状況を見てすぐに、「自分は喜んで人生をハンセン病患者に捧げる」と決意したそうです。

　はじめてカラウパパに到着したダミアン神父は、あまりにも酷い生活を送っている患者を見てショックを受けました。間に合わせの小屋に、何人もの患者が押しこまれている不衛生な環境。着る物も食べる物も粗末なもので、人々は絶望に打ちのめされ、自ら蒸留した酒を飲んで過ごすなど、およそ人間の生活とは程遠い有様でした。

　ダミアン神父が最初に行ったことは、患者の信頼を得ること。自ら粗末な場所に寝泊まりし、ハワイ語で語りかけ、根気強く患者一人ひとりを励まし続けました。そして自ら率先して、患者たちの生活を変える行動をとったのです。比較的元気な患者たちと協力して、家を建て、果物の木を植え、貯水池を造ってパイプを通し、飲み水や水浴びや洗濯のための新鮮な水を確保しました。さらにカラウパパに送りこまれた孤児44名を引き取って面倒をみました。そうするうちに、患者たちも神父に心を開いていきました。ダミアン神父は、ハンセン病患者でも患者の付添人でもなく、患者や病気を恐れずに接する初めての白人だったのです。

　ダミアン神父は頻繁にホノルルにも通い、カラウパパの実情を報告し、衛生局や教会からの支援を得る努力を続けました。その活動は新聞にも大きく取り上げられ、ホノルルにハンセン病専門病院が建設されるなど世の中を大きく動かしました。

　ダミアン神父は、説教のときに「同胞たちよ」と呼びかけるところを、いつも「我々、ハンセン病患者は」と語ったそうです……そしてそれは現実のこととなりました。長年、患者に接してきたダミアン神父

Hawai'i

Maui

Moloka'i

Lāna'i

O'ahu

Kaua'i

もハンセン病にり患したのです。

1889年4月15日、ダミアン神父は、ハンセン病患者に捧げた生涯を閉じました。49歳でした。神父の遺体はカラウパパに埋葬されました。1936年、ベルギー政府の要求によりダミアン神父の遺体はベルギーへと移されましたが、1995年、神父の右手をカラウパパの墓地に戻されました。2009年、カトリック教会によりダミアン神父は「聖人」の列に加えられました。

ダミアン神父の死後、マザー・マリアンヌをはじめとするシスターたちがカラウパパで患者の力となりました。また、家、学校、病院などの施設も整えられ、生活環境はずいぶん改善されました。

1969年、ハンセン病蔓延予防法が廃止され、患者は晴れて自由になりました。ほとんどの人は家族の元に帰ったり、新しい場所に移ったりしたそうですが、中にはカラウパパで暮らし続けることを選択した人もいて、いまも数十人が暮らしているそうです。現在、カラウパパは国立公園に指定されており、訪れるには許可が必要です。

Hawai'i

Maui

Moloka'i

Lāna'i

O'ahu

Kaua'i

歴史

61 カプアーイヴァ・ココナツ・グローブ
Kapuāiwa Coconut Grove

　モロカイ島のほぼ中央にある背の高いヤシの林が、カプアーイヴァ・ココナツ・グローブです。このあたりは元々、カメハメハ5世の夏の別荘だった場所で、5世の名前カプアーイヴァからつけられています。

　1860年代、カメハメハ5世はここに別荘を構えてヤシの木1000本を植えました。現在はだいぶ減っていますが、それでも数百本は残っていて、それは見事な光景です。昔から王族の人たちが屋敷や別荘を構える場所は、神秘の力「マナ」が多く宿るところだと伝えられていますので、ぜひ訪れたいですね。ただし、時々ココナツの実が落ちてくるので、林の中には入らずに歩道から観賞してください。

　カメハメハ5世は近くに昔ながらの草ぶき小屋を建て、そこで過ごすのを好んでいたようです。近代的な建物よりも、古き良きハワイの暮らしを愛していたのですね。その家は「マーラマ」と名付けられていました。ハワイ語で世話をする、面倒をみる、守るという意味です。

【MEMO】
カウナカカイの町から460号線を西に向かっていくと、すぐに海側にヤシの林が見える。私有地ですので林の中には入らないようにしてください。

62 「モロカイ」クーウラ・ストーン＆バース・ストーン
Ku'ula Stone & Birth Stone

　写真の石は、モロカイ・ミュージアム＆カルチュラル・センターの入り口近くにあります。

この2つの石は元々この場所にあったわけではなく、寄贈されたとのこと。向かって左側がクーウラ・ストーン。右側がバース・ストーンです。

　クーウラ・ストーンは、漁の神様クーラウに捧げられている石のこと。漁に出る前にこの石に祈りを捧げると豊漁が約束されると言われています。漁から帰ってきたら、捕れた魚の一部をこの石に供えて感謝を捧げます。このようなクーウラ・ストーンは、ハワイ各地で見ることができます。

　側の椅子のような形をしているバース・ストーンは、文字通り出産に関係する石です。一般的にはこの石の上で出産をすると、出産の痛みが軽減され、子どもがマナを授かると言われています。マナを授かった子供は、健康で位の高い者になるとされます。バース・ストーンもハワイ各地にあり、主に王妃やチーフの妻などが出産する場所とされました。オアフ島のワヒアヴァにあるクーカニロコが有名ですね。

　ミュージアム内にはシュガー・ミル跡もあり、モロカイ島の歴史に触れることができます。じっくり見学してください。

【MEMO】
カウナカカイの町から460号線を西に向かうと、すぐに山のほうへとのぼっていく。
470号線に入り北へ進むとやがて左側にMolokai Museum & Cultural Centerがある。

https://www.gohawaii.jp/islands/molokai/things-to-do/land-activities/molokai-museum

Hawai'i

Maui

Molokaʻi

Lānaʻi

Oʻahu

Kauaʻi

[神話]

63 カウレオナーナーホア
Kaule o Nānāhoa

　この奇妙な形の石は、モロカイ島の中央部、カラウパパ半島の付け根にある州立公園内にあります。この石は男性器の形をしていて、昔から多産の石として大切にされてきました。自然のままの石で、高さ約1.8m、長さ約4mもある巨石です。

　これには次のような言い伝えがあります。

　昔むかし、近くの村で何年もの間、全く子どもが生まれないことがありました。そこで村の女性たちが全員でこの石に供物を捧げて一夜を過ごしたところ、全員が妊娠して村に戻ってきたそうです。

　そんな言い伝えがあるので、今でも妊娠を望む女性は供物をもってこの石を訪れているのだそうです。駐車場から5分ほど山の中を歩いていくのですが、おもしろいことに山の上に行くと突然大きな石がいくつか現れるのです。カウレオナーナーホアは小高い山の上にあり、不思議なことにそのすぐ近くには女性器の形をした石もありました。

　山の中ですので、明るいうちに行くようにしてください。

【MEMO】
カウナカカイの町から460号線を西に向かうと、すぐに山のほうへとのぼっていく。
470号線に入り北へ進んでいくと終点がパラアウ州立公園の駐車場になる。そこか
ら歩いて5分ほど。ひと気がないところですので、ツアーガイドと一緒に行くことを
お勧めします。

64 カラウパパ
Kalaupapa

Hawaiʻi

Maui

Molokaʻi

Lānaʻi

Oʻahu

Kauaʻi

　カラウパパ半島はかつてハンセン病患者が隔離されていたところです。ハワイ王国は、当時は不治の病とされていたハンセン病が広まるのを恐れて、断崖絶壁と海に囲まれたカラウパパを隔離地として選んだのでした。8,000人以上もの人がここで暮らし、死を迎えたそうです。

　最初に隔離された患者たちは、病院施設はおろか、住む家すらもない、何もない自然の中に放置されました。その状態を知ったダミアン神父は、自ら志願してカラウパパに向かいました。そして患者のために家、病院、教会などの施設を建設し、食料などを調達して、当時800名の患者たちの心の支えとなったのです（170ページ。歴史コラム参照）。

　現在、カラウパパには、ガイド付きのツアーでしか行くことができません。モロカイ・ミュール・ライドというツアーがあります。ラバに乗って、高さ500mの崖に刻まれたジグザグの細いトレイルを、片道1時間半かけておりていくツアーです。わたしも最初はとっても怖かったのですが、でもカラウパパの美しい静けさを肌で感じることができたのは、なによりの経験でした。行かれる方は、体力に自信があるうちに訪れてくださいね。

　ツアーでは教会、博物館、ダミアン神父の墓、マザー・マリアンヌがかつて葬られていた墓などを巡ります。

　ツアーに参加するのが難しい方は、ぜひ展望台からカラウパパ半島を眺めてください。そこにかつて多くの人たちが隔離されたこと、患者のために尽くした人たちがいたことを忘れないようにしたいですね。

　ワイキキのクヒオビーチに近いセント・オーガスティン教会のところに Damien and Marianne of MolokaʻI Education Center ができました。詳細はこちらをご覧ください。

https://damienandmarianne.org/

【MEMO】
カウナカカイの町から460号線を西に向かうと、すぐに山のほうへとのぼっていく。
470号線に入り北へ進んでいくと終点がパラアウ州立公園の駐車場になる。

Hawai'i
Maui
Moloka'i
Lāna'i
O'ahu
Kaua'i

神話

65 マウナロア＆カアナ
Mauna Loa & Kā'ana

　モロカイ島は東モロカイ火山と西モロカイ火山の2つの火山で形成されています。そのうちの西モロカイ火山にはマウナロアという山があり、この一帯はかつてパイナップル・プランテーションで栄えました。今では賑やかな面影はなく、郵便局や数件の店があるだけの静かな町ですが、ぜひモロカイに行ったら訪ねてほしいところです。

　このマウナロアの山頂プウ・ナーナーにあるカアナの丘は、フラ発祥の地だと伝えられている聖地。これには次のような話が伝えられています。

　昔むかし、ライライという女性がいました。ある時、ライライはモロカイ島にやってきて、プウ・ナーナーに住まいを構えました。彼女は素晴らしい踊りを踊ることができたので、モロカイだけでなくほかの島からも彼女の踊りを見に来るようになりました。その踊りはフラと呼ばれ、ライライの子孫だけが受け継ぐようになったのです。

　ライライから数えて5代目に、ラカという女の子が生まれました。彼女もフラを受け継ぎ、優れた踊り手に成長。そのうちに彼女はほかの島に行ってみたいと思うようになり、まずニイハウ島に行き、そこで長い期間を過ごし、フラを教えました。つぎにカウアイ島のハーエナへ行きそこでもフラを教え、さらにオアフ島、マウイ島、ラナイ島と移り住み、最後はハワイ島プナへ行きました。そこでフラを教えた生徒の中に、ホーポエがいます。ホーポエは後に、ヒイアカへフラを教えることになったのです。年をとったラカはモロカイ島へ戻り、最後の時をプウ・ナーナーで過ごしました。ラカはプウ・ナーナーで生まれ、プウ・ナーナーで亡くなり、ここに葬られました。

　いまでは乾燥した大地が広がっていますが、かつては水に恵まれ

た緑豊かな土地で、レフアの森が広がっていたそうです。

　毎年「フラの中心」という意味の「Ka Hula Piko」と呼ばれるフラ発祥を祝う祭が開催されます。2001年、クム・ジョン・カイミカウアが執り行ったカアナの丘での真夜中のフラ奉納を見学するという貴重な機会に恵まれました。満天の星の下、暗闇の中で古典フラが何時間も続く……それはとても神聖な時間でした。現在は昼間に見学ツアーがあるようですので、事前によく調べてから訪れてください。

【MEMO】
カウナカカイの町より460号を西へ向かい、道なりに進むと30分ほどでマウナロアの町へ着く。

Molokaʻi Ka Hula Piko
http://www.kahulapiko.com/

◎ 神話コラム パパ＆ワーケア ハワイの島々が生まれた話

　大地の女神パパと天の神ワーケアが結婚して、最初にハワイ島が生まれました。まもなくパパは二人目を妊娠。激しいつわりに苦しんだ後、マウイ島を生んだのです。

　すぐに次の子どもができました。その子どもは、難産の末に誕生。それはカホオラヴェ島になりました。

　3つの島を生んですっかり疲労困憊したパパは、神々の国であるカヒキに帰りました。そこでゆっくり身体を休めようと思ったのです。

　残された夫のワーケアは、妻がいないことをいいことに、カウラという女性を見初めて妻にしました。ふたりの間に、ラナイ島が生まれたのです。さらにワーケアは、新しい妻を探しに出かけました。そこで知り合ったのが、ヒナです。ワーケアとヒナとの間に、モロカイ島が生まれました。

　一方、カヒキでのんびりと休養をとっていたパパの耳にも、夫のワーケアがほかの女性と浮気しているという噂が伝わってきました。激しい嫉妬に駆られたパパは、すぐにハワイに戻り、ワーケアへの仕返しに、ルアという若者を夫に迎えます。まもなくパパとルアとの間にオアフ島が生まれました。

　そのことを知ったワーケアは反省して、パパともう一度やり直したいと思いました。二人は仲直りをして、一緒に住みはじめました。しばらくするとパパは再び身ごもったのです。そこで生まれたのがカウアイ島でした。そのときの後産であらわれたのがニイハウ島、レフア島、カウラ島です。

　こうしてパパとワーケアから、ハワイの島々が生まれました。そのときに喜びや楽しみだけではなく、嫉妬、怒り、苦しみなどの感情も生まれたのだと伝えられています。

　今でもモロカイ島では、母親ヒナに敬意を払い、モロカイ・ヌイ・ア・ヒナ（偉大なるヒナのモロカイ島）と呼ばれています。

◎ 神話コラム　パパ＆ワーケア　人間の誕生の話

　大地の女神パパと天の神ワーケアの間に、ひとりの娘が生まれました。娘はホオホクカラニと名付けられて、大切に育てられました。

　やがてホオホクカラニは美しい娘に成長。その美しさに父親であるワーケアも魅了されてしまいました。そこでワーケアは、お抱えのカフナに相談して、夫婦が夜を共にしてはならないという、カプの夜を制定したのです。

　そしてカプの夜に、ワーケアはホオホクカラニと夜を共にしたのですが、翌朝寝坊をしてしまったために、パパにすべてがばれてしまいました。怒ったパパは、ワーケアの顔に唾を吐きかけ、夫のもとを去っていきました。

　その後、ホオホクカラニはワーケアの子どもを妊娠。最初に生まれた子どもは植物の根茎の形をしていたので、家の東の隅に埋められました。しばらくすると、その場所から植物が生えてきました。それがタロイモになったのです。

　二番目に生まれた子どもは人間の子どもでした。その子どもは先に生まれたタロイモにちなんでハーロア（長い茎）と名付けられました。ハーロアは、ハワイアンの祖になりました。こうしてハワイアンとタロイモは兄弟関係にあると考えられています。

Hawai'i

Maui

Moloka'i

Lāna'i

O'ahu

Kaua'i

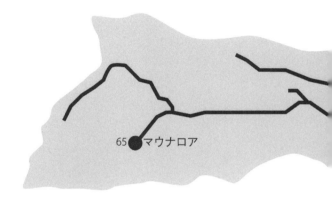

65 マウナロア

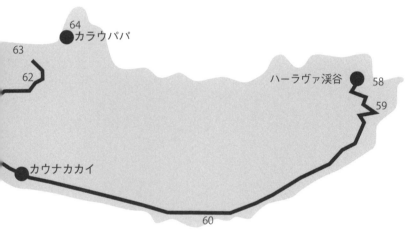

58 カラウパパ

63

62

ハーラヴァ渓谷 58

59

カウナカカイ

60

Hawai'i

Maui

Moloka'i

Lāna'i

O'ahu

Kaua'i

ラナイ島
Island of Lāna'i

Lāna'i

'AUMAKUA

[神話]

66 ケアヒアカヴェロ
Keahiakawelo

　ラナイ島の北西部の高台には、巨大な岩がごろごろと転がっている荒涼とした大地が広がっています。ここはケアヒアカヴェロ、通称「神々の庭園」。一面赤土で、ところどころに草が生えていますが、あまり生命を感じさせるものがない神秘的なところです。

　この地には聖なる火の番人をしていたカヴェロというカフナが住んでいたと伝えられています。聖なる火が燃え続けている限り、この島は豚と犬に恵まれるとされていたのですが、彼の娘が不用意にもその聖なる火を消してしまったために、ラナイ島には豚も犬もいなくなったということです。カヴェロは聖なる火を消してしまったことを恥じて崖から身を投げ、その後あたり一面焼け野原になったそうです（198ページ、神話コラム参照）。

　ケアヒアカヴェロが夕日に照らされて、刻々と移り変わる様子はなんともいえない美しさ。誰もいない、聞こえるのは風の音だけ。本当に神秘的な場所です。

　ラナイ島は他島のようにタクシーやツアー会社が充実していません。四輪駆動の車でダートロードを走らなくてはなりませんので十分にご注意ください。

Hawai'i

Maui

Moloka'i

Lāna'i

O'ahu

Kaua'i

190

【MEMO】
ラナイシティから北へ向かい、途中からカネプウ・ハイウェイに入って北上。ダート
ロードになってもそのまま道なりに進むと、ポリフア・トレイルに入り、やがて「Garden
of the God」の石碑がある。ひと気のないところですので、ツアーガイドと一緒に行
くことをお勧めします。

67 ケオモク
Keōmoku

ラナイ島は本当に何もない島で、島の中央にある唯一の町ラナイシティでも数件のお店が並んでいるだけです。世俗を離れてラナイ島を訪れる人は、フォーシーズンズ・ホテルで優雅にバケーションを過ごすタイプか、あるいはラナイ島の自然を満喫したいタイプのどちらかに分かれるでしょう。もし後者であれば、ぜひ島の北部にも行ってみてください。

かつてこのあたりにはもともと何千人ものハワイアンが暮らしていました。その後、大規模なサトウキビ・プランテーションが作られて、1800年代には商店、宿泊所、病院などもある活気に満ちた町が形成され、島の中心だったそうです。その後、プランテーションの閉鎖とともに人口が減っていきました。

写真のカ・ラナキラ教会は閉鎖されたあとも、この地に住む人々の心の拠り所となっていたそうです。昔から残っていた唯一の木造建物でしたが、古くなり倒壊の危険があったために、近年建て替えられました。

いまはまったくその面影はありませんが、かつてハワイアンや、プランテーションで働く人々が賑やかに行き交っていたのだと思うと不思議な感じがします。

【MEMO】
ラナイシティからケオムク・ロードを北上。突き当りを右折してしばらく進むと右手
にある。
＊ラナイ島はどの場所もひと気がありませんので、ツアーガイドと一緒に行くことを
お勧めします。またレンタカーを借りる場合は、事前にレンタカー会社で、保険でカ
バーされている場所等を必ず確認してください。

Hawai'i

Maui

Moloka'i

Lāna'i

O'ahu

Kaua'i

神話

68 プウ・ペヘ
Pu'u Pehe

　沖に浮かぶ小さな小島プウ・ペヘには、こんなお話が伝えられています。

　昔むかし、ラナイ島のチーフ、マカケーハウはマウイのチーフと戦って勝利をおさめ、マウイ島のチーフの娘プウペヘを妻として連れて帰ってきました。とても美しいプウペヘを誰にも奪われないようにと、マカケーハウは彼女を海辺の洞窟に閉じ込めました。

　ある時、マカケーハウが留守の間に、突然大きな嵐がやってきて、巨大な波が島を襲いました。マカケーハウは急いで洞窟に戻りましたが、間に合いませんでした。高波によって洞窟に海水が入り、プウペヘはおぼれ死んでしまったのです。

　愛する妻を失って深く悲しんだマカケーハウは、プウペヘの遺体を海に浮かぶ岩の小島の上まで運び、そこに特別な墓を造って大切に葬りました。その後、その小島から海に身を投げたということです。

　青い海に黒々とした岩の小島が、祭壇のように立っている風景はとても印象的です。ここにまつわるお話を知っていると尚更そう感じますね。

【MEMO】
ラナイシティから440号線を南下すると、フロポエ・ビーチ・パークに行きつきます。
そこからトレイルを5分ほど歩くと崖からプウ・ペヘを見ることができます。

69 カウノルー
Kaunolū

Hawai'i

Maui

Moloka'i

Lāna'i

O'ahu

Kaua'i

ラナイ島は中央にラナイシティという小さな町がひとつあるだけの、本当に何もない島です。町の真ん中にノーフォークマツの林があり、ハワイにいるとは思えない風景。その林を囲むように小さな食料品店が2軒、レストランやカフェ、お土産物屋やギャラリーが数軒、ぽつぽつと建っています。かつてこの島はパイナップル・アイランドと呼ばれるほどパイナップル畑が広がっていて、町はそこで働く人々で賑わっていました。今では海外セレブも泊まる高級リゾート・ホテルもありますが、島全体は時が止まったかのように静かです。

現在、ほとんどの住民がラナイシティで暮らしていますが、以前は南西部のカウノルーという場所にハワイアンの集落がありました。草木もまばらで、ごつごつとした岩だらけの殺風景な場所ですが、昔はたくさんの人々が生活をしていた活気に満ちた場所でした。住居、墓地、ヘイアウなど人々の生活の痕跡が多数あり、17世紀から19世紀にかけて数百人のハワイアンが住んでいたと考えられています。

カウノルーは漁業が盛んな村として栄えていました。カメハメハ大王の家もあり、若いころはよくここを訪れて、釣りを楽しんでいたそうです。

写真は、カウノルー湾を見下ろす西側の崖の上にあるハルル・ヘイアウ。ここはカプを破った人たちを救済するためのプウホヌア・ヘイアウと、人身御供を行ったルアキニ・ヘイアウの役割があり、カメハメハ大王も儀式を執り行っていました。

また、この崖は死んだ人の魂があの世へ行く場所でもありました。この崖からマウイ島の有名なチーフ・カヘキリが海に飛び込んで勇敢さを示したといわれています。そんな伝説から、カメハメハの戦士たちも自分の勇気を証明するためにこの崖から飛び込んだそうです。

【MEMO】
ラナイシティから440号線を南下し、途中でフロポエ・ドライブに入る、すぐにカウ
ピリ・ロードを右折。しばらく進むと左手のダートロードに入り、海まで進む。

◎ 神話コラム　ラナイ島とモロカイ島のカフナ対決

　昔むかし、ここにはカヴェロというカフナが住んでいて、祭壇で聖なる火を灯し続けていました。この火が灯されている限り、ラナイ島は豚や犬に恵まれると信じられていたのです。

　あるとき、モロカイ島のラニカーウアという強力なカフナによって、ラナイ島全体に魔術をかけられてしまいました。カヴェロは魔術を解くためにモロカイ島へ行くことを決め、自分がいない間は、娘に聖なる火の番をするようにと命じました。

　モロカイ島に着いたカヴェロはラニカーウアに近づいてから信用を得ることに成功し、密かにラニカーウアを倒す機会をねらっていました。そのうちにラニカーウアが毎晩、自分の排泄物を沖の小島に埋めに行っていることを知りました。ハワイでは骨や髪の毛、衣類や排泄物などにはその人のマナが宿っていると考えられていて、それらが敵の手に渡って魔術に使われないようにしていたのです。

　カヴェロはこっそりその小島に渡ってラニカーウアの排泄物を盗んで、ラナイ島に戻りました。

　翌朝、ラニカーウアは海を隔てたラナイ島に青い炎がともっているのを目にして、すぐに自分が魔術にかけられたことを悟りました。彼は息子たちに、自分が死んだらマナが宿る骨を他人に盗まれないように、自分の遺体の上にククイの木を植えることを命じ、ラナイ島のカヴェロを滅ぼす呪いをかけて死んでいきました。

　一方、ラナイ島に戻って自分たちにかけられている魔術を解いたカヴェロは、娘が恋人との逢瀬に夢中になっている間に聖なる火が消えてしまったことを知り、聖なる火を疎かにしたことを恥じて崖から身を投げました。それ以来、ラナイ島には野生の豚や犬がいなくなったということです。

◎ 神話コラム　ラナイ島の悪霊退治をした
カウルラアウの伝説

　大昔、ラナイ島は悪霊ばかりが棲む島でした。

　一方、海を隔てたマウイ島ケカアのあたり（現在のカアナパリ）は作物が豊かに実る土地で、たくさんの人で栄えていました。そのケカアを治めていたのがカカアラネオというチーフで、彼にはカウルラアウという息子がいました。カウルラアウは子どものころからタロの若芽を引き抜いたり、ウルの実に矢を射ってそのまま腐らせたりして、親が手を焼くほどのやんちゃな子どもでした。

　やがてカカアラネオは、大きくなったカウルラアウを見て、このままではケカアの繁栄に悪影響をもたらすと考え、息子をラナイ島へ送ることにしました。もしラナイ島の悪霊をすべて退治したら、ラナイ島のチーフにすると約束したのです。

　カウルラアウはロノ神の助けもあって、ラナイ島の悪霊をすべて退治したのでした。それを聞いた父親のカカアラネオは大変喜び、たくさんの食糧とともに、800人の村人をラナイ島へ送り込んで祝福しました。

　こうしてカウルラアウはラナイ島のチーフとなり、島はとても栄えました。そして父親が亡くなったあとはマウイ島ケカアに戻り、西マウイのチーフにもなったということです。

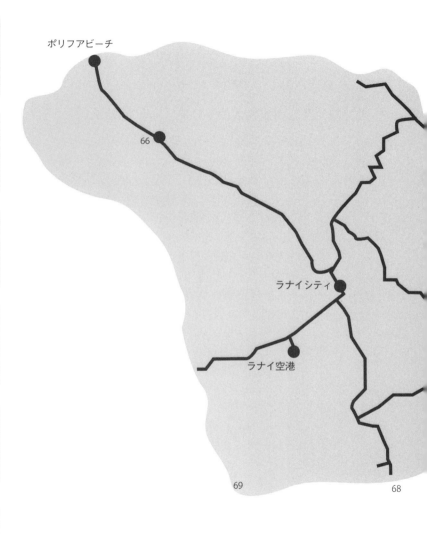

ポリフアビーチ

66

ラナイシティ

ラナイ空港

Hawai'i

Maui

Moloka'i

Lāna'i

O'ahu

Kaua'i

69

68

Hawai'i

Maui

Moloka'i

Lāna'i

O'ahu

Kaua'i

オアフ島
Island of Oʻahu

Oʻahu

Hawai'i

Maui

Moloka'i

Lāna'i

O'ahu

Kaua'i

歴史

70 ワイキキ
Waikīkī

　世界的に有名なリゾート地ワイキキ。ハワイに行ったことのある人なら、ほとんどの人が滞在したことがあると思います。

　ワイキキは、昔からいくつもの川が海に注ぎ、水が湧き出る豊かな土地でした。浄化の海があり、古くからヘイアウが建てられ、王族が居を構えるマナに満ちた土地です。

　今やビルが立ち並ぶワイキキですが、ハワイ王国時代を思い描きながら、ゆっくりと王族の邸宅跡などを巡ってはいかがでしょう。ワイキキの歴史的に重要な場所には「Waikiki Historic Trail」のサーフボード型の史跡標識が設置されているので参考にしてください。

　カメハメハ大王の邸宅跡、リリウオカラニ女王の屋敷「パオアカラニ」、カラーカウア王の屋敷、カイウラニ王女の屋敷「アイナハウ」、ルナリロ王のサマーハウスなどで、王や女王が歩いたであろう同じ場所に立ち、優雅に客をもてなしていたことや、傾きかけた国をどうにかして復活させようと尽力していたことなどに思いを馳せてみてください。邸宅跡にある古い木は、もしかしたらハワイの激動の歴史をじっと見守ってきたのかもしれません。

　ほかにも「ファースト・レディ・オブ・ワイキキ」と称されたモアナ・ホテルを巡ってハワイの観光のはじまりを学んだり、オリンピックで金メダルをとり、サーフィンを世界に広めたデューク・カハナモクが生まれ育った場所を巡ったりするのも興味深いですね。

　なぜワイキキに人々が惹きつけられるのか、あらためて考えてみると、ハワイの歴史や神話を深めていくことにもつながります。

【MEMO】
サーフボード型の史跡標識には昔の写真と英語による説明書きがあります。ワイキキの歴史を学ぶことができます。

Waikiki Historic Trail
http://www.waikikihistorictrail.org/

Hawai'i

Maui

Moloka'i

Lāna'i

O'ahu

Kaua'i

71 ヘルモア
Helumoa

ロイヤル・ハワイアン・ホテルのあたりは、昔ヘルモアと呼ばれていました。ハレプナワイキキ前の道路は「ヘルモア・ロード」と名付けられています。ヘルモアはハワイ語で「雄鶏が地面をひっかく」という意味。この地にはつぎのような話が伝えられています。

昔むかし、雄鶏の霊カアウヘレモアがパロロ渓谷のカアウ火口から飛んできて、チーフのカクヒヘヴァの前に現れて地面をひっかき、ここに一万本のヤシの木を植えるようにと言ったそうです。真偽の程はわかりませんが、カクヒヘヴァがこの地にヤシの木を植えたことは事実のようです。1927年、ロイヤル・ハワイアン・ホテル創業時には800本ものヤシの木があり、3人の専門家が管理していたそうです。

またかつてここはチーフたちのゲーム場でもありました。ホテル建設の際にウルマイカというボウリングのようなゲームに使う石が発見されています。

後にロイヤル・ハワイアン・ショッピングセンター建設のために多くのヤシの木が切られましたが、今でも当時の木が残っていますので、ぜひご覧になってください。またハワイの伝統的な植物もたくさん植えられています。

【MEMO】
ロイヤル・ハワイアン・ショッピングセンターの中庭。

Royal Hawaiian Shopping Center
https://jp.royalhawaiiancenter.com/

Hawai'i

Maui

Moloka'i

Lāna'i

O'ahu

Kaua'i

歴史

72 カヴェヘヴェヘ
Kawehewehe

　ワイキキの海には、世界中から大勢の人々が集まってきます。もしかすると、それはこの海のヒーリングの力に惹かれてきているのかもしれません……。

　ハレクラニホテルの前の海カヴェヘヴェヘは、昔から病を治す力があると考えられていました。ビーチは狭いのであまりそこで泳ぐ人はいないかもしれませんが、実際に海に入ってみると水がとても冷たいことがわかります。ここは海底から真水が湧き出ているからです。

　ハワイでは昔から、真水と海水が混じり合うところは、病を癒すとても神聖な場所だと考えられ、カフナが浄化の儀式を行いました。病人はリムカラという海藻で作られた輪になっていないオープン・レイを首にかけ、波によってそのレイが首から外れると、罪が許され、病が癒されると考えられていたのです。カヴェヘヴェヘとは、ハワイ語で「取り除く」という意味があります。

　ワイキキは癒しの海があり、かつてはヘイアウや、王族の邸宅があり、マナに満ちた場所です。多くの人がワイキキを目指してやってくるのもうなづけますね。

【MEMO】
カヴェヘヴェヘはハレクラニホテル前の海。サーフボード型の史跡標識が設置され
ています。

Hawai'i

Maui

Moloka'i

Lāna'i

O'ahu

Kaua'i

神話

73 ナー・ポーハク・オラ・カパエマフ・ア・カプニ
Nā Pāhaku Ola Kapaemāhū a Kapuni

　ハワイの聖地の中でも最も有名で行きやすい場所にあるのが、このワイキキにある特別な力を宿した石でしょう。カラカウア通り沿いのモアナ・サーフライダー・ホテル横の交番近くにある4つの巨石です。

　これらの石にはつぎのような言い伝えがあります。昔タヒチから、カパエマフ、カハロア、カプニ、キノヒという4人のカフナがやってきて、ハワイの人々の病気を治していました。やがて4人がタヒチに戻る前に、この4つの石に自分たちのヒーリングの力を宿していったということです。

　もともとこの石はカイムキにあったそうですが、どうやってここまで運ばれたのかは不明です。昔はそのままただビーチに置かれていただけでしたが、20年ほど前に柵が設けられ、特別な場所だと一目で分かるようになりました。

　わたしたち観光客にとって最も身近な聖地といえます。ぜひ敬意を払って、遠くから見学させていただきましょう。

【MEMO】
カラカウア通り沿い。モアナ・サーフライダー・ホテル横の交番近く。

Hawai'i

Maui

Moloka'i

Lāna'i

O'ahu

Kaua'i

神話

74 プナホウ＆ポーハク・ロア
Punahou & Pōhaku Loa

　ワイキキにほど近いプナホウのあたりのお話です。

　昔、ある老夫婦が住んでいました。その年は干ばつが続き、全く作物がとれず、村人たちはいつもお腹をすかせていました。

　ある夜、おばあさんの夢の中に一人の男が現れて、「ハラの老木の下に水がある」と言いました。次の日の夜、今度はおじいさんの夢の中に、同じように一人の男が現れて、「ハラの老木の下に水がある」と言いました。

　夢の中で、おじいさんは海に出て赤い魚を釣り、それを焼いてからティの葉にくるんで神に捧げました。そして男が言っていたハラの老木を引き抜くところで目を覚ましました。その夢があまりにも鮮明だったので、おじいさんは家の近くにあったハラの老木を引き抜いてみたところ、そこから新鮮な水がどんどん湧き出してきたのです。

　これは神様からの贈り物だと思った老夫婦は、その泉を大きく掘って池を作りました。それはカプナホウと呼ばれました。その後、泉のまわりにはたくさんのタロ畑が作られて、豊かな土地となり、どんどん人々が移り住んできて栄えたということです。

　オバマ元大統領が卒業したことで有名なプナホウ・スクールの紋章には、流れる水の上にハラの木とタロのデザインが用いられています。

　また、四大神のうちのカネとカナロアが旅をしていて、喉が渇いたというカナロアのために、カネがカウイラの杖を突きさすと、そこから新鮮な水が湧きだしたという話も伝えられています。

　もうひとつ、仲良しの双子の兄と妹の話もありますが、これは214ページの「マノア」の章をご参照ください。

　また、ここプナホウでもポーハクロアというヒーリング・ストーンを見ることができます。この石は妊婦さんを祝福し、生まれてくる赤

ちゃんに知恵と健康を授けてくれるということで、とても大切にされてきました。もともとはタンタラスの丘のあたりにありましたが、プナホウに移動されて産院が作られたそうです。

【MEMO】
プナホウ・ストリートとワイルダー・アヴェニューの交わるあたり。

Hawai'i

Maui

Moloka'i

Lāna'i

O'ahu

Kaua'i

神話

75 マノア
Mānoa

　マノア渓谷は雨が多く緑が豊か、毎日虹がかかることでも知られています。この地には古くから人々が住んでいるので、虹の女神カハラオプナなどの神話がいくつも伝えられています（241ページの神話コラム参照）。ここでは仲良しの双子の兄妹の神話をご紹介しましょう（212ページの「プナホウ」を参照）。

　昔むかし、兄カーウアワアヒラと妹カーウアキオワオという名前の双子がいました。二人はオアフ島西部のカアラ山に住んでいましたが、父が留守のあいだに継母に酷くいじめられたために、二人はマノアに逃げのびて、クーカオーオーの崖の洞穴に身を隠して暮らすようになったのです。

　あるとき妹が水浴びをしたいと言いました。兄は水浴びができるところを探しに行くと、ある池に棲むモオという池の守り神と出会います。兄はモオに相談すると、モオは水浴びができるようにプナホウに泉を湧き出させてくれたのです。

　おかげで妹は水浴びができるようになりました。さらにそこでタロ畑を作ったところ、たくさんの人々が集まってきて住み着くようになったということです。

　クーカオーオーは、現在、マノア・ヘリテージ・センター内にあります。同施設はハワイ文化を伝える場所としてクーカオーオー・ヘイアウをはじめ、ハワイの文化継承や伝統的植物の維持管理なども行っています。

【MEMO】
マノアはとても美しいところです。「マノアの滝」のトレイルは往復1時間ほどの初心者コース。マノアの自然を堪能できます。
ワイキキからカラカウア・アヴェニューを北へ進み、サウス・キング・ストリートを右折、すぐにプナホウ・ストリートを左折。道なりにマノア・ロードを終点まで進む。

Manoa Heritage Center（要予約）
https://www.manoaheritagecenter.org/

Hawai'i

Maui

Moloka'i

Lāna'i

O'ahu

Kaua'i

神話

76 クナワイ・スプリングス
Kunawai Springs

　ここはリリハにあるクナワイの泉。公園の中にあるので、誰でも自由に見学することができます。昔からとても神聖な場所としてハワイアンが大切に守ってきた泉です。あまりに神聖なために、野生の鳥さえも泳ぐことを禁じられていました。

　言い伝えによれば、この泉はモオと呼ばれる守り神に守られていたということで、現在もそのモオの子孫だという方が管理しています。

　かつては王族の人たちの沐浴場でした。この泉の水と、泉の底のクレイには癒しの力があり、病人の治療に使われたのだそうです。このあたりには泉や湖が点在していてヒーリング・センターとしての役割を持っていたようで、現在でもそのうちのいくつかの池が残っていると公園の説明書きにありました。新鮮な水が豊富なことからタロ畑なども多く、豊かな土地だったのですね。

　ここは神聖な泉ですから、勝手に池に入ることはできません。わたしたちは謙虚に少し離れたところから見学させてもらいましょう。

【MEMO】
クナワイ・スプリングス・アーバン・パーク。ホノルル北にあるリリハ・ストリートを
北に進み、クナワイ・レーンを左折する。

神話

77 カイムキ
Kaimukī

　ワイキキからほど近いカイムキや隣のモイリイリのあたりには、火山の女神ペレの妹ヒイアカに関する神話が伝えられています。カイムキとは「ティのイム」という意味。メネフネがイムという地面を掘って作るオーブンで、植物のティの根を調理したという神話があります。

　ほかにもこんな話があります。

　ヒイアカが、カウアイ島からペレの夫ロヒアウを連れてハワイ島へ帰る途中に、この地を通ったときのことです。突然パーホアとマカフナという姉弟のモオが立ちはだかり、風を起こして土を巻き上げ、ヒイアカたちの通行を妨げました。さらにカモーイリイリという巨大なモオも現れてヒイアカたちに襲いかかってきたのです。

　ヒイアカは身に着けていた魔法のパウを揺さぶると、カーモイリイリの体はバラバラになって石の山と化しました。パーホアとマカフナも死んでしまい、ヒイアカは無事にこの地を通行できたということです。

　別の話では、このあたりに住むパーホアという雄のモオが一匹の雌のモオに片思いをしていました。彼女の名前はパロロ渓谷に降る雨にちなんでリーリーレフアといいました。

　あるとき、ヒイアカがやってくることを知ったパーホアは、ヒイアカの好物であるルーアウというタロイモの若葉で作ったご馳走を差し出しました。

　ヒイアカはそのお礼にパーホアの悩みを聞いたところ、何度もリーリーレフアにプロポーズしているのに承諾してもらえないと打ち明けられました。

　それを聞いたヒイアカは、川下に彼女がいるから行ってみなさいと

218

言いました。パーホアが言われたとおりに川に行ってみると、リーリーレフアが実の兄と逢引きをしていたのです。パーホアはリーリーレフアと結婚しなくてよかったと思いました。

　カイムキは昔ながらのハワイの町並みが残るところ。地図を片手に神話の地を散策してみてください。

【MEMO】
ワイキキからカパフル・アヴェニューを北へ進み、ワイアラエ・アヴェニューを右折。
しばらくいくとカイムキの町に到着。

神話

78 ワオラニ
Waolani

　ハワイの神話においてワオラニは重要な場所です。なぜならはじめて神であるカネとカナロアがハワイにやってきて、ここにヘイアウを建てたからです。

　それは女神ケアオメレメレの神話の中で語られています。

　遠い昔のお話です。神々の国で神様に仕えるモオイナネアというモオの計らいで神クーと女神ヒナが結婚して男の子が生まれました。カハナイアケアクア（神の養子。以下カハナイ）と名付けられ、カネ神とカナロア神の庇護のもと、ワオラニに建てられたヘイアウで大切に育てられました。

　つぎにクーとヒナの間に２人目の子どもが誕生。パリウラ（赤い崖）という女の子で、ハワイ島に住む偉大な預言者ワカに預けられ、大人になったら兄カハナイと結婚することが決められました。昔のハワイでは、神聖な血筋を守るために兄妹が結婚することがありました。

　さらにクーとヒナの間に３人目の子どもが生まれました。美しい女の子でケアオメレメレ（黄色い雲）と名付けられ、神々の国で育てられました。

　しばらくしてクーとヒナもそれぞれ別の配偶者と出会い結婚しました。クーはヒイレイと結婚し、カウマイリウラ（空の黄昏の休息）という息子をもうけました。

　ヒナはオロパナと結婚し、カウラナイキポキイ（日没の美しい娘）という娘をもうけました。そしてそれぞれの子どもを交換して育てることになったのです。昔のハワイでは養子に出す習慣があったためです。

　大人になったカハナイとパリウラは、神が決めたとおりに結婚しました。二人はハワイ島で暮らしていたのですが、やがてカハナイはマウナケア山の女神ポリアフと浮気をして駆け落ちをしてしまいます。

　夫に捨てられたパリウラは嘆き悲しみ、オアフ島へやってきて半狂乱となってさまよい続けた末に、ワイアナエでフラと呼ばれる踊りと出会

い、すっかり魅了されたのです。パリウラはフラを習得し、さらにカウア
イ島でもフラを学び、フラの名手となりました。

　一方、神々の国で美しく成長した末妹ケアオメレメレは、兄と姉のこと
を心配してハワイにやってきます。そこでケアオメレメレもフラを見て
魅了され、魔術を扱う女神カポにチャントやフラを教えてもらうことにな
りました。

　ケアオメレメレは、兄にポリアフと別れるよう説得し、姉パリウラと仲
直りさせます。兄カハナイはワオラニに戻り、カフナになりました。

　さらにクーとヒイレイの息子カウマイリウラと、ヒナとオロパナの娘カ
ウラナイキポキイをオアフ島に呼び寄せ、カウラナイキポキイにフラを教
えました。そしてケアオメレメレはカウマイリウラと結婚し、二人は長い
間、神々の国だけでなく、ハワイの島々も統治したということです。ケア
オメレメレは、フラを広めた女神としても知られるようになりました。

　その後、カネはクーとヒイレイ、ヒナとオロパナ、そしてモオをオアフ
島に住まわせました。このときモオは一族を引き連れてオアフへやって
きたので、古くからハワイに住んでいるというわけです。

【MEMO】
ワオラニ渓谷は遠くから眺めることになります。ホノルル北にあるリリハ・ストリー
トを道なりに山にのぼっていったあたり。

Hawai'i

Maui

Moloka'i

Lāna'i

O'ahu

Kaua'i

神話

79 カリヒ
Kalihi

　昔むかし、神々の国カヒキからやってきたパパとワーケアは、最初にオアフ島のカリヒ渓谷を望む崖の上に居を構えました。

　ある日、ワーケアはバナナを探しに行き、パパは海藻やカニを採りに行きました。パパは帰り道、泉で海藻とカニを洗っていると、向かい側の山に数人の男たちがいるのに気づきました。チーフの家来たちが一人の男を縛って、どこかに連れていくところのようでした。よく見てみると、捕らわれているのは夫のワーケアです。チーフのバナナを取ってしまったのかもしれません。そうだとしたら、ヘイアウで生贄として捧げられてしまいます。

　パパは海藻とカニをその場に放り出して、大急ぎで夫のもとへかけつけました。前方に夫の姿が見えます。その時、幸運なことに、夫のすぐそばに聖なるウルの木が生えていることに気がつきました。パパは走りながら、大声で叫びました。
「待ってください！ ワーケアの妻です。どうか夫にお別れをさせてください！」

　そう言うと、パパは家来たちの返事を待たずに、ワーケアめがけて突進し、夫に体当たりをして後ろの聖なるウルの木の幹に向かって飛び込んでいったのです。

　その瞬間、不思議なことが起こりました。聖なるウルの木の幹にぱっくりと大きな穴が現れて、パパとワーケアを飲み込み、ふたたび穴が閉じて元通りのウルの木に戻ったのです。びっくりした家来たちは木を調べたり、供物を捧げてから切ったりしたのですが、二人を見つけることはできませんでした。

　ウルの木の不思議な力のおかげでパパとワーケアは難を逃れることができました。そしてこれまで通り仲良く暮らしたということです。

パパが泉で洗っていた海藻とカニは、そのままその場所にすみつきました。そのため今でもそのあたりでは珍しいことに海にいるカニと海藻が見られるそうです。

【MEMO】
カリヒ渓谷は遠くから眺めることになります。ワイキキからH1経由でリケリケ・ハイウェイに入り北へ向かいます。この道はカリヒ渓谷を通ってカネオへへ抜ける道です。

Hawai'i

Maui

Moloka'i

Lāna'i

O'ahu

Kaua'i

神話

80 ダイヤモンド・ヘッド
Diamond Head

ダイヤモンド・ヘッドは死火山。約30万年前まで噴火していました。昔、イギリスの船員がきらきら光る方解石をダイヤモンドと間違えたことから、この名前がつけられたそうです。中心はクレーターになっていて、中に入ることができます。頂上まで登るトレイルは片道40分。一番高いところで232m。頂上からの景色はまさに絶景。青い海、緑の山、ワイキキのビル群など360°見渡すことができます！

かつては他島からの侵略者を警戒するために見張りを置いたり、船の目印になるようにかがり火を焚いていたりしたそうです。山頂や山腹にはいくつものヘイアウが建てられていました。付近では、カメハメハ大王が戦いの神クーをまつるヘイアウを築いて、戦いの前に生贄を捧げたそうです。

ハワイ語でレアヒ（ラエアヒ）というのですが、ペレの妹ヒイアカが山の形がアヒ（マグロ）の額（ラエ）に似ていることから、そう呼んだと伝えられています。

またペレが神々の住む国からハワイにやってきたときに、島をひとつずつ渡って住む場所を探したのですが、ダイヤモンド・ヘッドは適さなかったのでマウイ島へと渡っていった、という話もあります。

【MEMO】
クレーター内に入るには、ダイヤモンドヘッド・ロードからトンネルを抜けて入ります。ビジターセンターで情報を得てください。入場料が必要です。

Diamond Head State Monument
https://dlnr.hawaii.gov/dsp/parks/oahu/diamond-head-state-monument/

81 イオラニ宮殿&旧王家墓所
'Iolani Palace & Royal Tomb

　イオラニ宮殿は、1882年、カラーカウア王によって当時の最先端の設備を取り入れて建てられました。電気がつけられ、電話や水道が完備されていました。完成当時は国内外に栄華を誇ったイオラニ宮殿ですが、そんな華やかで平和な時代は短く、やがてリリウオカラニ女王が幽閉され、米国に占拠されてハワイ王国は滅びるという悲しい歴史をたどることとなります。

　予約制のガイドツアーで宮殿内を見学することができます。王の執務室や女王が幽閉された部屋などを見ると、ここで王や女王はどんな気持ちでいたのだろうと思いを巡らせずにはいられません。ふんだんにコア材を使った内装や調度品は見事です。王家の紋章のついた食器類、王や女王の装飾品などぜひ実際にご覧になってください。

　またイオラニ宮殿の敷地内には旧王家の墓所があります。鉄柵に囲まれて、浄化と保護の力を持つティの木が植えられ、そこだけひっそりと静かな空気が漂います。

　ここにはかつてカメハメハ2世とカママル王妃が埋葬されていましたが、1865年、ヌウアヌ渓谷のロイヤル・モザリアムに移されました。現在もハワイのチーフたちが眠っていると言われ、レイや供物が捧げられて大切に保管されています。

　もともとイオラニ宮殿の敷地内にはヘイアウがあり、遺骨を納める洞窟があったそうです。昔からマナの宿る神聖な場所だったのですね。敬意を払って、遠くから静かに見学させてもらいましょう。

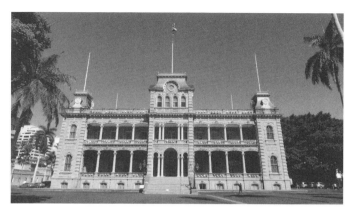

【MEMO】
イオラニ宮殿は見学できます（予約制）。ワイキキからカラカウア・アヴェニューを北へ向かい、サウス・ベレタニア・ストリートを左折。そのまま進むと左手に州政府事務所がある。その後ろがイオラニ宮殿。車で行く場合、近くの駐車場やパーキングメーターに停めてください。

Iolani Palace
https://www.iolanipalace.org/

82 カワイアハオ教会&ルナリロ王廟
Kawaiaha'o Church & King Lunalilo Mausoleum

　カワイアハオ教会はオアフ島で最も古い教会です。かつてこのあたりには豊かに湧き出る泉がありました。その泉で浄化をするためによく訪れていた、モイリイリのハオという女性チーフの名前をとって、その泉はカワイアハオ（ハオの水）と名付けられました。教会敷地内に人工的に造られた噴水がありますが、そこにある銘板のはめ込まれた石は、もともとカワイアハオの泉にあった石なのだそうです。

　1820年にはじめてハワイに宣教師が訪れました。彼らはハワイの王家に受け入れられ、このカワイアハオに草ぶき小屋を建ててもらって布教をはじめました。

　1838年、石造りの教会の基礎工事がはじまりました。実際は14000個ものサンゴ石で出来ています。当時、海の中のサンゴ礁から切り取り、それをカヌーに載せて陸まで運び、さらにこの場所まで人力で引きずって持ってきたそうです。1842年、現在の石造りのカワイアハオ教会が完成。以来、ハワイ王家の礼拝堂として使われてきました。

　教会の敷地内には、ハワイ王国第6代国王ルナリロ王の霊廟があります。在位わずか1年1カ月、39歳の若さで亡くなりました。王の希望により、遺体は王家の霊廟ではなく、カワイアハオ教会に葬られました。それは、国民から選出された王であること、愛する国民の近くにいたいという理由からでした。訪れた際には、ハワイ国民を愛していたルナリロ王を偲んでお参りしてください。

【MEMO】
サウス・キング・ストリートとパンチボウル・ストリートの交差点のところ。

83 ビショップ・ミュージアム
Bishop Museum

　ハワイの神話・歴史を学ぶなら、ビショップ・ミュージアムは欠かせないスポットです。

　1889年、カメハメハ大王の曾孫にあたるバーニス・パウアヒ王女を称えて、夫のチャールズ・リード・ビショップが設立。世界最大のハワイおよび太平洋諸国に関する博物館です。

　王族の象徴である羽飾りカヒリを展示するカヒリ・ルームは見事。ほかにもカメハメハ大王のものだとされる羽のマント、マナが宿る首飾りレイ・ニホ・パラオア、神々を象徴する木彫りの像などを実際に見ることができます。神話に登場したほら貝、伝説にまつわる石など、ハワイ神話好きが心惹かれる展示物もあります。

　釣り針、魚を捕る網、樹皮布タパを作る道具など昔のハワイアンの生活用具の展示や、昔のフラなどの貴重な動画も自由に見ることができます。プラネタリウムやハワイの植物観察などのプログラムも充実。一日では到底まわりきれません。ミュージアム・ショップではハワイの工芸品やハワイ関係の書籍を購入することができます。

Hawai'i

Maui

Moloka'i

Lāna'i

O'ahu

Kaua'i

【MEMO】
場所はワイキキとダニエル・K・イノウエ国際空港との中間あたりにあり、63号線と
バーニス・ストリートの交差するところ。アラモアナからバスで近くまで行くことが
できます。

Bishop Museum
https://www.bishopmuseum.org/

84 マウナ・アラ
Mauna'ala

　マウナ・アラ（ロイヤル・モザリウム）は神聖な王家の霊廟です。大きなカマニの木がアーチをつくる下の黒い門扉には、ハワイ王国の紋章が掲げられています。ここには王族や王家にゆかりのある人々の遺骨が納められていて、ハワイ王国の王や女王の中でここにお墓がないのは、カメハメハ大王と第6代ルナリロ王だけです。

　カメハメハ大王の遺骨は、どこに安置されているのか今でも公にされていません。昔からハワイでは、偉大な王の骨には強力なマナが宿っていると考えられ、山奥や谷の洞穴などに隠されました。きっと現在も密かに守られているのでしょう。

　ルナリロ王は一般民衆の近くに居たいという遺言により、カワイアハオ教会の敷地内のルナリロ王廟で眠っています。

　もともとカメハメハ4世とエマ王妃が王族のための墓地を計画。しかし最初に埋葬されたのは彼らの息子のアルバート王子でした。王子はわずか4歳で亡くなり、その後カメハメハ4世も後を追うように亡くなりました。

　それぞれの墓にはいつもレイが掛けられ、大切に管理されています。とても神聖な場所なので、謙虚な気持ちで訪れてください。

Hawai'i
Maui
Moloka'i
Lāna'i
O'ahu
Kaua'i

【MEMO】
ホノルルからヌウアヌ・アヴェニューを進んだ右手。

85 エマ王妃の夏の宮殿
Queen Emma Summer Palace

　カメハメハ4世の王妃エマの夏の宮殿は、ハーナイアカマラマと呼ばれました。叔父のジョン・ヤング2世からエマ王妃に受け継がれたものです。夏の暑さを逃れてのんびり家族と過ごすことができる別荘として使われていました。

　しかし愛息エドワード王子が4歳で亡くなり、その後カメハメハ4世も後を追うように亡くなってしまいます。この宮殿で過ごした時間は、家族にとって幸福の象徴だったといえるでしょう。

　このエマ王妃の夏の宮殿と、ハワイ島カイルア・コナにあるフリヘエ宮殿はアメリカ史跡目録に登録されている歴史的建造物です。

　宮殿といってもこぢんまりとしていますが、いくつかの客間や寝室には、肖像画、王族の象徴である羽飾りカヒリ、羽のマント、コア材で造られたベッドやキャビネット、王子のベビーベッド、王子のビロードのスーツ、銀の聖餐杯など、エマ王妃ゆかりのすばらしい品々が展示されています。ぜひ実際にご覧になってください。

【MEMO】

ホノルルからパリ・ハイウェイを進み、しばらくいった右側にある。

Queen Emma Summer Palace（要予約）

https://daughtersofhawaii.org/queen-emma-summer-palace/

86 ヌウアヌ・パリ
Nu'uanu Pali

　ヌウアヌ・パリは、パリ・ハイウェイの途中にあります。断崖絶壁の上の展望台では下から吹き上げる風に帽子が飛ばされそうになる場所、といえば思い出される方も多いのではないでしょうか。今はカネオへの町を望む展望台として有名ですが、ここは歴史的に大きな戦いがあった場所です。

　1795年、カメハメハ大王がハワイ島からカヌー艦隊を率いてオアフ島へ攻め入り、この地でオアフ軍に勝利しました。オアフ軍はこの崖の上に追い詰められ、300m下へ落ちていったそうです。その数は何百人にものぼると言われていました。

　後にハイウェイ建設のときに、実際に崖の下から800人もの遺骨が発見されたそうです。カメハメハ軍に攻め入られ、何百人ものオアフ軍が崖から落ちて死んだという話が本当だったことが証明されたのです。

　戦場だったからか、このあたりにはフアカイポー（ナイト・マーチャー）が現れると言われています。フアカイ・ポーとは、夜中に行進をするハワイアンの幽霊のことで、もしも遭遇してしまったら、その一員に加えられてしまうそうです。

　実際にカメハメハ大王が降り立った場所。機会を見つけて訪ねてみてください。

【MEMO】
ホノルルからカイルアを結ぶパリ・ハイウェイ（61号線）の途中。

Hawai'i

Maui

Moloka'i

Lāna'i

O'ahu

Kaua'i

87 パンチボウル
Punchbowl

　パンチボウルは、ダニエル・K・イノウエ国際空港からワイキキに
ハイウェイで向かう途中、左手に見える台形の山です。噴火口の跡で、
面積は47万平方メートル。とても大きなクレーターです。

　現在、ここは世界大戦やベトナム戦争などで命を落としたアメリカ
人兵士が眠る国立太平洋記念墓地となっているのです。今も5万人
以上もの兵士が静かに眠っているのです。

　ここはハワイ語でプーオワイナと呼ばれ、ハワイアンにとって重要
な場所でした。罪人や敵人を生贄として捧げる石の祭壇があったそ
うです。タブーを破った人たちがここで罪をつぐないました。人々
は山の上から煙があがるのを見て、生贄が捧げられたことを知った
そうです。また高位チーフの墓地でもあったといわれています。昔
もいまも、亡くなった人に関係する場所なのですね。訪れる際は、ぜ
ひ敬意を払い、静かに見学させてもらいましょう。

【MEMO】
ワイキキからカラカウア・アヴェニューを北へ向かい、サウス・ベレタニア・ストリート
を左折。ワードアヴェニューを右折。つきあたりがパンチボウル。入り口はパンチ
ボウルの北側にある。

◎ 神話コラム　プエオの戦い

　昔むかし、パンチボウルの近くにカポイという男が住んでいました。

　ある日、カポイはプエオ（フクロウ）の巣を見つけ、そこにあった7つの卵を持ち帰りました。家に着いたカポイは、さっそくその卵を調理しようとすると、目の前に一羽のプエオが現れました。そのプエオは「わたしの卵をかえしてください」と必死に訴えます。

　カポイはプエオがかわいそうになり、その卵を全部プエオへ返すことにしました。

　プエオはカポイにとても感謝して、カポイのアウマクアになって一生カポイを守ることに決めました。そしてカポイに、マノアに新しいヘイアウを建てるように言いました。

　カポイはプエオに言われたとおりに、マノアにヘイアウを建てたのですが、実はヘイアウはその地を治めるチーフであるカクヒヘヴァの許可なく造ってはいけないことになっていたのです。カクヒヘヴァはカポイを捕えると、ワイキキの牢屋に入れてしまいました。

　それを知ったプエオは、ハワイの各島にいる仲間に助けを求めました。オアフ島だけでなく、カウアイ島、マウイ島、モロカイ島、ラナイ島、ハワイ島から数え切れないほどのプエオがやってきてワイキキに集結したのです。その様子は、まるで黒い雲がワイキキの空をすっぽりと覆ってしまうかのようでした。

　各島のプエオたちは、カポイが捕らわれているワイキキの牢屋を守っている兵士たちに襲いかかりました。鋭い爪が兵士たちの目をつつき、顔をひっかきます。プエオの数があまりに多すぎて、兵士たちには太刀打ちできません。とうとう兵士たちはプエオたちと戦うのをあきらめて、ワイキキから逃げ出してしまいました。

　その様子を見ていたカクヒヘヴァは、カポイのプエオは真のアウクアだと知り、カポイを無罪放免にしました。それ以来、プエオは神として尊ばれるようになったそうです。

240

◎ 神話コラム　虹の女神カハラオプナ

　緑豊かなマノア渓谷でのお話です。昔むかし、マノアの風カハウカニと、マノアの雨カウアフアヒネとの間にカハラオプナという女の子が生まれました。やがてカハラオプナはとても美しい娘に成長しました。

　カハラオプナにはカウヒという許嫁がいました。カウヒはとても嫉妬深い男でした。

　ある時、カウヒはカハラオプナが浮気をしたと誤解をして激しく怒り、カハラオプナを山に連れ出すと、「よくもわたしを裏切ったな！」と言って、カハラオプナを殴り殺してしまいました。もちろんカハラオプナは無実です。カウヒはカハラオプナの遺体をその場に埋めて山を下っていきました。

　その様子を、カハラオプナの守り神プエオが見ていました。プエオはカハラオプナを土から掘り起こし、霊力を使って彼女を生き返らせたのです。

　意識を取り戻したカハラオプナは、カウヒの後を追いました。カウヒは死んだはずのカハラオプナを見てびっくりしました。頭上にプエオが飛んでいるのを見て、アウマクアが生き返らせたことを知ったのです。

　カウヒはカハラオプナをヌアヌの山の中に連れて行き、再び殺して土に埋め、山を下っていきました。再びプエオが穴を掘り返し、カハラオプナを蘇生。息を吹き返したカハラオプナは、カウヒを追いかけていきました。

　今度は、カウヒは彼女をワオラニの尾根へ連れていき、そこで殺して埋めました。そしてまたプエオがカハラオプナを蘇生しました。

　つぎにカウヒは、カハラオプナをカリヒ渓谷の崖の上へ連れていき、そこで殺して埋めました。また同じようにプエオは彼女を生き返らせたのです。

Hawai'i

Maui

Moloka'i

Lāna'i

O'ahu

Kaua'i

　さらにカウヒはカハラオプナを連れてエヴァの海の近くにやってくると、そこで彼女を殺して大きなコアの木の根元に埋めました。カウヒがカハラオプナを殺したのはこれで5回目です。そして彼はワイキキのほうへ去っていきました。プエオは掘り返そうとしましたが、コアの根が複雑にからみあっていてどうすることもできません。

　そこにマハナという若い王子が通りかかりました。近くをさまよっていたカハラオプナの魂に気がつき、その魂に誘われてコアの木の根元を掘り返してみると、美しいカハラオプナが現れたのです。マハナは一瞬で恋に落ちました。

　マハナはカハラオプナの遺体と魂を自宅に連れて帰り、カフナである兄の力を借りて、彼女を生き返らせることに成功しました。カハラオプナは5回殺され、5回生き返ったのです。

　やがてマハナとカハラオプナは結婚し、幸せな日々を送りました。

　一方、カウヒは、カハラオプナを5回も殺した罪で死刑を宣告され、ワイキキの浜辺に作られた大きなイムで処刑されました。そしてその夜、ワイキキを襲った巨大な波が、イムの中のカウヒの遺骨をすべて海にさらっていきました。実は、カウヒはサメ神の子孫にあたり、彼の骨は海に帰って再びサメに生まれ変わったのでした。

　それからしばらくたったある日のことです。カハラオプナがたまたま海に入ったところ、辛抱強くその機会を待っていたサメになったカウヒが、カハラオプナの下半身を食いちぎって去っていきました。

　身体がなければ、誰もカハラオプナを生き返らせることはできません。それ以来、マノアの風である父は、ハウの木を揺らして娘の死を嘆き、マノアの雨である母は、谷に雨を降らせて娘の死を悲しんでいるとのことです。そしてマノアには、カハラオプナを偲ぶかのように、毎日、虹がかかるのでした。

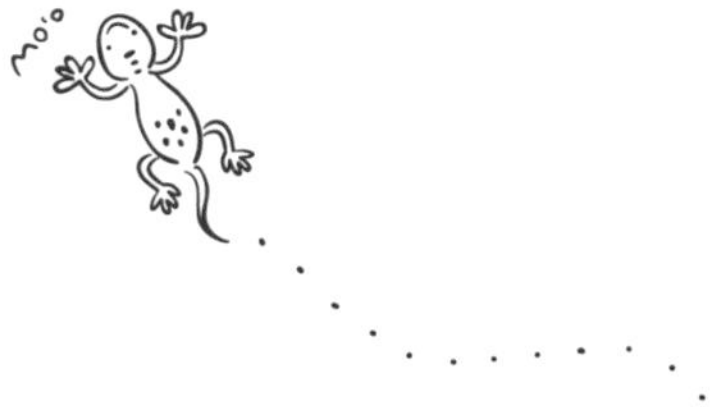
mo'o

Hawai'i

Maui

Moloka'i

Lāna'i

O'ahu

Kaua'i

神話

88 ココ・クレーター
Koko Crater

ハナウマ湾近くのココ・クレーター。ここには次のような神話が伝えられています。

昔むかし、ハワイ島の火山の女神ペレを、豚の神カマプアアが追いかけまわしているところを見て、妹のカポはなんとかして姉を助けなくてはならないと思いました。そこで好色なカマプアアを姉から引き離すために、カポは自分の性器を取り外して、それを遠くへと投げたのです。カマプアアはすぐに性器のあとを追いました。ペレは危ないところを助けられたのでした。

カポの性器は海を越えてオアフ島まで飛んでいきました。そのときに落ちたところが跡になり、ココ・クレーターになったと伝えられています。ココ・クレーターはハワイ語で女性の性器を表すコヘレペレペといいます。

ココ・クレーターには、さまざまな種類のプルメリアをはじめとする植物を見ることができるココ・クレーター・ボタニカル・ガーデンがあります。夏は満開のプルメリアを堪能できます。また、第二次大戦中に使われたトロッコ列車のレール跡を上るトレイルがあります。急こう配に1000段近い階段が続く上級者コース。体力に自信のある方だけにお勧めします。

【MEMO】
ワイキキから H1 に乗って東へ向かう。ハナウマ湾を過ぎた左手がココ・クレーター。

Koko Crater Botanical Garden
https://www.honolulu.gov/cms-dpr-menu/site-dpr-sitearticles/572-koko-crater-
botanical-garden.html

歴史

89 パーフア・ヘイアウ
Pāhua Heiau

　パーフア・ヘイアウは小高い崖の途中にあるヘイアウです。階段状に３つの石垣が築かれていて、漁業のためのヘイアウ、またはロノ神をまつる農業のためのヘイアウだと考えられています。このあたりはとても豊かな土地で、昔から農作物が栽培されていました。とくにサツマイモが有名だったようです。

　ロノは作物の成長、豊穣、雨に関係する神で、ロノをまつるヘイアウは、人身御供を捧げるヘイアウよりも小さく、農業の目的のみに使用されました。

　こちらは私有地ですので、許可なく中に入ることはできません。手前の道路から見学させてもらいましょう。

【MEMO】
ハワイカイ地区。マカフエナ・プレイスの突き当り。

Hawai'i

Maui

Moloka'i

Lāna'i

O'ahu

Kaua'i

神話

90 ハナウマ湾
Hanauma Bay

オアフ島の南東部にあるハナウマ湾。自然環境保護区として守られているために、色とりどりの熱帯魚をすぐ近くで見ることができることで有名です。シュノーケリングが楽しめる人気スポットなので、行ったことのある方も多いのではないでしょうか。

ハナウマとはハワイ語で「曲線を描く湾」または「腕相撲」という意味。腕相撲の由来は、昔王族たちがよくこの湾に遊びにきていて腕相撲で遊んでいたからとか。昔のハワイにも腕相撲や足相撲、あやとりなど日本でもお馴染みの遊びがありました。

カメハメハ大王のお気に入りのカアフマヌ王妃もよくここを訪れたり、カメハメハ5世もここで釣りを楽しんだりしたそうです。

またつぎのような神話が伝えられています。

昔この地に住んでいた2人の王子が一人の美しい王女をめぐり、腕相撲で勝負をつけることになりました。結果は引き分け。王女はどうしたらいいのか分からず神に祈ると、神は王女をハナウマ湾を囲むゆるやかな丘に変えました。こうして2人の王子はいつまでも王女の美しさを眺めたということです。

別の話では、2人の王子が、王女の愛する湾を囲む2匹のトカゲになったという話もあります。

【MEMO】
ワイキキからH1を東へ向かい、そのまま道なりに72号を進むと右手に入り口が見えてくる。

Hanauma Bay Information（要予約。入場料が必要。オリエンテーション・ビデオを見ることが義務付けられています。詳細は事前に確認してください）

https://hanaumabaystatepark.com/

Hawaiʻi

Maui

Molokaʻi

Lānaʻi

Oʻahu

Kauaʻi

神話

91 ペレの椅子
Pele's Chair

　この印象的な岩は、ハワイ語でカパリオカモア (鶏の崖)、一般的には「ペレの椅子」と呼ばれています。

　ハワイ島の火山の女神ペレがかつて、住む場所を求めて旅をした際に、聖なる火を絶やすことなく燃やし続けられる深い火口を探したのですが見つからず、オアフ島の東端にあるこの椅子に腰かけて休んだ……という話が伝えられています(19ページ。神話コラム参照)。天気の良い日はモロカイ島とラナイ島が見えます。ペレはこの椅子に座って、どんな思いでいたのでしょう……。

　ほかにも、ペレの妹ヒイアカはハワイ島からカウアイ島まで旅をする途中、このあたりに上陸しました。ここにはマカプウという女神が住んでいて、作物が採れない不毛の地であるにもかかわらず、ヒイアカ一行をもてなしました。ヒイアカはサツマイモを作るようにアドバイスしたそうです。

　ペレとヒイアカが見た景色を、実際に見てみたいですよね。ペレの椅子はマカプウ灯台へのトレイルの途中から見ることができます。日差しを遮るものが全くありませんので、帽子と飲み水は必ず持参してくださいね。

【MEMO】
ワイキキからH1を東へ向かい、そのまま道なりに72号で島の東端にいき、マカプウ・ライトハウス・ロードを右折。終点に駐車場がある。トレイルの途中から眺めることができます。

Hawaiʻi

Maui

Molokaʻi

Lānaʻi

Oʻahu

Kauaʻi

神話

92 ポーハク・パアキキー
Pōhaku Paʻakikī

　写真では少しわかりにくいのですが、潮が引いたときにだけ見える、海の中に立っている石がポーハク・パアキキーです。

　最初に探しに行ったときには見つけることができなかったのですが、つぎに行ったときには簡単に見つけることができました。二度目は偶然に潮が引いていたときだったようです。浅瀬にぽつんと黒い石があるのですぐに分かりました。

　この石は、サツマイモを育てていた農夫が、サメ神カモホアリイにアヴァという飲み物の供物を捧げて大切にしてきた神聖な石なのだそうです。

　マカプウのあたりは土地がやせていて、サツマイモぐらいしか育たなかったようです。このあたりで暮らしていけるのも神々の恩恵があるからなのですね。

【MEMO】
ワイキキからH1を東へ向かい、そのまま道なりに72号を進み、マカプウ・ビーチ・パークに車を停め、浜を歩いてみてください。

Hawai'i

Maui

Moloka'i

Lāna'i

O'ahu

Kaua'i

神話

93 カネポル
Kanepolu

　カイルア・ビーチの駐車場近くの道路から、小高い山を見上げると、巨大な椅子のような形をした黒っぽい石を見ることができます。これがカネポルです。カネポルというのは、この地に生まれ育ったと言われるチーフの名前で、崖から落ちて亡くなったと言われています。

　またコアと呼ばれる漁のための神殿だったという説もあります。漁師は海に出る前にクーウラという漁の神に祈りを捧げ、豊漁と安全を祈願し、漁から帰ったあとには、最初に捕れた魚を捧げる習慣がありました。

　山の上は私有地になりますので、山の下から眺めましょう。

【MEMO】
カイルア・ビーチ・パークの駐車場に車を停めて、モクルア・ドライブから山の上を見上げると大きな岩が見える。

神話

94 モカプ半島
Mokapu

　カイルア・ビーチに行くと必ず目にするのがこのモカプ半島です。モカプとはハワイ語で「タブーの島」という意味。昔から神聖な場所で、偉大なカメハメハ大王も各地のチーフたちを呼び寄せて会議をしたそうです。

　現在は米軍施設があるため一般の人は立ち入ることはできませんが、昔のハワイアンの集落、ヘイアウ、漁の神をまつる祭壇などの跡があるそうです。

　浜辺には大規模なハワイアンの墓地があり、ピラミッド・ロックと呼ばれる文字通りピラミッド型をした岩があります。これは、石を生む石として知られています。

　また人間誕生にまつわる話も伝えられています。四大神の最高位カネがモカプ半島にある小山の赤土から人間の形を創り、命を吹き込んで人間の男を作りました。ひとりぼっちだった男は自分の影に話しかけるようになりました。それを見た神々が、男の影から人間の女を創ったということです。

　カイルア・ビーチに行ったら、ぜひモカプ半島を眺めて、カメハメハ大王や、カネの神話を思い出してくださいね。

【MEMO】
カイルア・ビーチの北側に突き出した半島。

Hawai'i

Maui

Moloka'i

Lāna'i

O'ahu

Kaua'i

歴史

95 ウルポーヘイアウ
Ulupō Heiau

　カイルアの近くにあるウルポー・ヘイアウは、縦50ｍ×横40×高さ9ｍもある巨大なヘイアウです。現在は石垣が崩れた状態にありますが、その大きさは見る者を圧倒します。

　このヘイアウはメネフネが造ったといわれています。メネフネとはハワイ神話に登場する小人のこと。大勢集まって協力しながら、一晩で石垣やダムを造る話がたくさんあります。

　もともとは農業に関するヘイアウだったとのことです。近くに川が流れ、タロイモが植えられています。後にカメハメハ大王の時代になって、生贄を捧げるヘイアウとして使われました。

　ウルポーとは辞書によると「闇。突然の病や一撃のこと。雄鶏が侵入者を知らせるために鳴くこと」とあります。メネフネは夜だけ働き、雄鶏が鳴くと朝になる前にあわてて山へ帰ると伝えられているので、やっぱりウルポー・ヘイアウはメネフネに関係しているのですね。

【MEMO】
カイルアから61号線を進み、ウルオア・ストリートを右折。マヌ・アロハ・ストリート
を右折。突き当りを右折。左手に「ULUPO HEIAU」の史跡サインボードがある。

神話

96 カワイヌイ・マーシュ
Kawainui Marsh

　ここは広大な湿地帯で、ハワイ州が管理し野生の動植物を保護しています。いろいろな種類の水鳥が生息していて、アエオ、アラエウラ、アラエケオケオ、コロアなどの絶滅危惧種の鳥たちを見ることができます。

　かつてカイルアに住みついたハワイアンは、この場所に巨大なフィッシュポンドを造りました。ハワイ最大級のフィッシュポンドだったそうです。古くからハワイアンにとっての聖地として大切にされていて、神話、伝説、チャント、フラにも登場します。

　神話では、ここにはモオがすんでいると伝えられています。この湿地帯を守るモオは女性の姿をして現れて、人々に魚やタロイモをもたらしてくれると考えられてきました。その守り神の名前「ナー・ポーハク・ハワヒネ」がつけられた巨大な石もあります。

　カワイヌイ・マーシュ・トレイルは平たんで舗装されているので、誰でも気軽に歩くことができるのでお勧めです。

【MEMO】
カイルアから61号線を進み、右手にカワイヌイ・マーシュ・トレイルがある。ナー・ポーハク・ハワヒネへ行くには湿地帯の西にあるトレイルからのアプローチになります。

Hawai'i

Maui

Moloka'i

Lāna'i

O'ahu

Kaua'i

神話

97 ヘエイア＆マーエリエリ
He'eia & *Mā'eli'eli*

　ヘエイア・ステート・パークがある半島はかつてケアロヒと呼ばれていました。ここは亡くなった人の魂がこの世を離れて、祖先とふたたびつながる神聖な場所。この地で裁かれ、水色の海のヘエイア・ケアか、濃い青色のヘエイア・ウリのどちらかに送られるそうです。

　ヘエイアは「海に流される」という意味。大地の女神ハウメアが半神半人オロパナの孫息子を養子にして、ヘエイアと名付けたことに由来します。昔、島の反対側の人たちとの戦いの際に、ヘエイアは大波に襲われたことがありました。人々は引き波にさらわれて、またもとの場所に戻されたおかげで戦いに勝ったという伝説があります。

　半島の横にあるヘエイア・フィッシュポンドはメヘアヌという雌のモオによって守られているそうです。メヘアヌはトカゲやウナギの姿で現れますが、近くの小島に住んでいて、そこに茂るハウの木の葉が黄色くなるとメヘアヌがいることを表し、葉が緑色だとウナギの姿でどこかに出かけているのだそうです。

　ヘエイアの背後にあるマーエリエリという山も眺めてください。カネ神とカナロア神が四つん這いになって崖を上る競争をしたと伝えられています。

【MEMO】
カネオへの町から830号を北に進むと、右側に「ヘエイア・ステート・パーク」の入り口がある。ハワイの伝統的な植物も見ることができます。歴史あるヘエイアをゆっくり散歩してみてはいかがでしょう。

He'eia State Park
https://www.heeiastatepark.org/

Hawai'i

Maui

Moloka'i

Lāna'i

O'ahu

Kaua'i

[神 話]

98 アフ・オ・ラカ
Ahu o Laka

アフ・オ・ラカは、カネオヘ湾のカハルウ沖に浮かぶ白い砂浜。一般的にはサンドバーと呼ばれる、干潮のわずかな時間にだけ現れる神秘の砂浜で、シュノーケルなどのアクティビティで人気です。CMや映画の撮影でも使われています。

「ラカの祭壇」という意味のアフ・オ・ラカには、いくつかの神話が伝えられています。そのひとつには、昔ラカというチーフが亡くなったときに、そのマナを宿した遺骨が敵の手に渡らないようにと、息子たちがこの海の中に浮かぶ白い砂浜に埋葬したという話です。

今では満潮時にはすべて砂浜が隠れてしまいますが、昔はいつも海の上に現れていた島だったのでそれも可能だったのでしょう。その後、開発のためにどんどん砂が採取されたために、干潮時にしか現れなくなってしまいました。

またフラの女神ラカの聖なる場所だとも言われ、多くのフラ・ハーラウがステージで踊る前にラカに供物を捧げに行くのだそうです。

【MEMO】
砂浜がどれだけ現れるかは、潮の満ち引きによって異なります。

◎ 歴史コラム　カメハメハ4世

　アレクサンダー・リホリホ（1834年2月9日〜1863年11月30日）は、幼いころから勉学に親しみました。特に語学に長けていて、少年のころからハワイ語と英語の翻訳の仕事をしていたそうです。

　15歳のときに、3世によって派遣された使節団の一員として、兄ロットとともに米国、英国、仏国を巡り見聞を広めました。途中、米国で人種差別を経験した話は有名、車掌から、白人専用車から降りるように注意されたのです。以来、彼はアメリカ嫌いになったと言われています。

　3世が亡くなり、アレクサンダー・リホリホが20歳で4世を宣言。4世は、ハワイ王国と米国との関係見直しに努めました。サトウキビのプランテーション経営者は、輸出税を払いたくないために米国との併合を望みましたが、4世は、相互の国にとって利益になる条約を結びたいと考えていたのです。

　1856年、22歳のときに、エマと結婚。この頃には、外国からもたらされた感染症の流行で、ハワイアンの人口は大きく減少していました。1世の時代に約30万人いたハワイアンが7万人になっていたとも言われます。

　ハワイアンのための病院が必要だと感じた4世は、王妃とともに自ら寄付を集めてまわり病院を設立しました（現クイーンズ・メディカル・センター）。

　1863年、4世は29歳で亡くなります。わずか4歳で病死した一人息子を失った悲しみに、秘書の死が重なってふさぎこむようになり、持病の喘息が悪化したのが原因でした。

266

◎ 歴史コラム　カメハメハ5世

　ロット・カプアーイヴァ（1830年12月11日〜1872年12月11日）は、カメハメハ大王の娘キーナウと、オアフ島統治者との間に生まれました。ほかの王家の子どもたちと同様に、学校で英語、数学、地理、歴史、音楽、天文学など、欧米の大学レベルの知識を習得。

　18歳で、記録係や英語とハワイ語の翻訳など、政府の仕事を行うようになりました。19歳のときには、弟のアレクサンダー・リホリホとともに、約1年間、諸外国を巡って見聞を広めたのです。

　カメハメハ3世が亡くなると、弟のアレクサンダー・リホリホが国王の座に。弟が先に国王になったのは、アレクサンダー・リホリホは、3世の養子だったからです。ロットは大臣となり、国王をサポートしました。

　1863年、4世が病死すると、ロットが5世を宣言。33歳でした。5世は、祖父カメハメハ大王が築いた、国王を中心とするハワイ王国の復活をめざします。そこで3世が制定したリベラルな「1852年憲法」を廃止。すぐに新しい憲法を制定しました（「1864年憲法」）。国王の権力を取り戻し、諮問機関の発言権をなくすなどして、カメハメハ大王以来、はじめて国王ひとりが政治を執り仕切る体制を整えたのです。

　けれども国を支えるハワイアンの人口は減少の一途をたどっていました。諸外国からもたらされた感染症が原因でした。中でもハンセン病の拡大は深刻で、1866年にはモロカイ島のカラウパパに患者を隔離する対策がとられたのです。

　サトウキビ産業が盛んでしたが、労働力不足のために、中国やポリネシアの島々から移民を受け入れることに。1868年、日本から最初の移民が到着しました（「元年者」と呼ばれています）。

　5世は、ハワイ文化の復活を試みたことでも知られています。オアフのモアナルアにコテージを建てて、昔ながらのルアウ（宴）を催し、

Hawai'i

Maui

Moloka'i

Lāna'i

O'ahu

Kaua'i

フラを踊らせました。毎年開催されている「プリンス・ロット・フラ・フェスティバル」は、5世の功績を称えるものです。

　生涯独身を貫いた5世ですが、切ないエピソードがあります。実はパウアヒ王女という許嫁がいました。けれどもパウアヒ王女は16歳のときに、米国人チャールズ・リード・ビショップと恋に落ち、両親の猛反対を押しのけて18歳でビショップと結婚してしまったのです。5世が結婚しなかったのは、パウアヒ王女を忘れられなかったからとも言われています。

　後年、太りはじめた5世は、外出もままならなかったとか。1872年には、肺の病に侵されます。死の床にあった5世は、かつての許嫁パウアヒを枕元に呼び寄せました。そして自分が亡き後、国を任せたいと頼みましたが、彼女の答えはノー。5世の想いは、最期までパウアヒに届くことはなかったのです。

　5世のモットーは「'Onipa'a（不動の、ゆるぎない）」でした。

◎ 歴史コラム　ルナリロ王

　ウィリアム・チャールズ・ルナリロ（1835年1月31日～1874年2月3日）の母親は、カメハメハ大王の異母兄弟の娘。つまりカメハメハ大王からみると姪にあたります。当時、3番目に位の高い女性チーフでした。そのためルナリロはかなり高位の生まれでした。

　わずか4歳で、王家の子息が通う学校に入学。ハワイを称える詩を書くのが得意でした。カメハメハ4世が主催した詩のコンテストでは、わずか20分で書き上げた詩で優勝。当時のハワイ国歌に採用されました。

　眉目秀麗、性格も良いということで、誰からも好かれていました。ニックネームはLokomaika'i（慈悲深い）。当時ハワイに滞在していた『トム・ソーヤーの冒険』の著者であるマーク・トウェインも絶賛しています。

　ただし、ひとつ欠点がありました。それはアルコール依存症だったということです。実の父親も見かねて、息子を議会の保護監視下においてほしいと頼んだほど。繊細すぎたのだとも言われています。

　1872年、5世が病死。カメハメハ直系の血筋が途絶えたために、議会はつぎの国王を決める選挙を行いました。ルナリロと、カラーカウアが選出され、各島で投票が行われた結果、大差をつけてルナリロが勝利します。

　ルナリロ王は、5世が制定した「1864年憲法」を改正し、より民主的な政治を進めました。議会を2院制にして、民衆の意見を政治に反映させました。

　ところが王位について、わずか1年で肺結核にかかってしまいます。時期到来とばかりに、近衛部隊が反乱を起こしましたが、病床のルナリロ王は、命令に従えば無罪にすると取引を持ちかけ、反乱をおさめました。

その後、ルナリロ王は亡くなります。遺体は王家の霊廟ではなく、国民に選ばれた国王として、国民の近くに眠りたいとの希望で、現在も、ダウンタウンにあるカワイアハオ教会の敷地内に建てられた霊廟に眠っています。

貧しいハワイアンや病人のために作った施設「ルナリロ・ホーム」は、現在もオアフ島のハワイカイで、ネイティブ・ハワイアンの支援を続けています。

◎ 歴史コラム　カラーカウア王

　カラーカウア（1836年11月16日〜1891年1月20日）は、オアフ島に生まれました。すぐに高位の女性チーフの養子になり4歳から学校で教育を受けました。子どものころから、ユーモアのある、物おじしない子どもだったそうです。

　14歳で軍隊教育を受け、16歳でハワイ軍の大尉に任命されました。とはいえ、ハワイの軍隊はごく小規模なものだったようです。またカラーカウアは法律を学び、さまざまな職を経験しました。このことは後に王として国政に携わる上で、大いに役立ったと思われます。

　1863年、カウアイ島の高位の出身であるカピオラニと結婚。カピオラニ王妃は、ハワイアンの人口減少を懸念し、資金を集めてハワイアンのための病院を建設するなど、ハワイのために力を尽くしました。

　1872年、カメハメハ5世没。後継者の指名がなかったので、時期の王を選挙で決めることになります。カラーカウアはその選挙に敗れ、ルナリロが第6代の国王になりました。

　1874年、ルナリロ王がわずか1年で死去。再び選挙が行われます。カメハメハ4世の未亡人エマ王妃を破り、見事当選。カラーカウア王が誕生したのです。

　カラーカウア王はイオラニ宮殿を建設したり、世界一周の旅に出たりと、進取の気性に富み、大胆で勇敢なイメージがあります。けれども当時のハワイ王国は、財政危機、ハワイ在住の白人実業家たちからの圧力、諸外国からの干渉、ハワイアンの人口減少など、問題山積の状態でした。想像を絶するような責務を負った王は、ハワイの国と国民のために、大胆な策を講じていったのです。

　また、欧米の宣教師たちによってフラ、ハワイ語、ハワイの神々への信仰が禁止され、ハワイ文化は衰退の一途をたどっていたのですが、王はクムフラ、チャンター、カフナといったハワイ文化の継承者

Hawaiʻi

Maui

Molokaʻi

Lānaʻi

Oʻahu

Kauaʻi

の保護に力を注ぎました。イオラニ宮殿で行われた、王の50歳を祝う宴で、フラを復活させたという話は有名です。毎年ハワイ島ヒロで開催されるフラの祭典「メリー・モナーク」はカラーカウア王のニックネームからつけられています。

1887年、王は、西洋諸国と対等に渡り合うために、太平洋諸国と手を組んで同盟を結ぶという構想を抱きます。そんなときに、ハワイ在住の白人実業家たちによって結成されたハワイアンリーグが銃をとって集結。武器による威嚇のもと、カラーカウア王に、王権の縮小、実質的に白人実業家だけが選挙権を持つことを目的とした新憲法へのサインを強要しました（『銃剣憲法（ベイオネット憲法)』）。

1890年、すでにこの頃までに、カラーカウア王は体調を崩していました。重圧によるストレスがあったのでしょう。アルコール依存症と視力の低下がみられ、療養のためにサンフランシスコへ向かいます。療養先でも、精力的に活動をしていたようですが、体調は回復せず、翌年サンフランシスコで亡くなりました。

王が亡くなる4日前には、エジソンが発明したばかりの録音機で自らの声を録音していました。録音されたものは、後にハワイにも送られましたが、カピオラニ王妃は悲しみのあまり聞くことができなかったそうです。

1891年1月29日、カラーカウア王は無言の帰国。王の帰国を歓迎する舞踏会を開くはずが、一転して王の葬儀になってしまいました。

カラーカウア王の最後の言葉は「ああ、わたしは本当に具合が悪い」。まるで当時のハワイ王国を象徴しているかのようでした。

◎ 歴史コラム　リリウオカラニ女王

　リリウオカラニ（1838年9月2日～1917年11月11日）は高位チーフの両親のもとに生まれました。リリウ（焼けるような）・カマカエハ（ヒリヒリする目）と名付けられました。洗礼名はリディアといいました。2歳上の兄は、後の第7代国王カラーカウアです。

　生まれてすぐに高位チーフのパーキーと、カメハメハ大王の孫娘コニア夫妻の養子となります。夫妻には後にチャールズ・ビショップと結婚するバーニス・パウアヒという娘がいました。リリウとパウアヒは実の姉妹のように仲がよかったそうです。

　24歳のときに、リリウは同じ学校に通っていたジョン・オーウェン・ドミニスと結婚。イオラニ宮殿の北にある、ジョンの実家のワシントン・プレイスで暮らすことになりました。

　1877年、兄カラーカウア王より、リリウは正式な後継者として任命されました。カラーカウアは王家にふさわしいという理由で、リリウの名前に「オ・カラニ（天の、聖なる）」をつけるようにと命じ、リリウオカラニという名前が誕生したのでした。

　以来、リリウオカラニは王を助けながら、ハワイ王国のために精力的に活動します。まずはハワイの島々を巡り、ハワイの人々の生の声に耳を傾けました。王家の人の中で、モロカイ島のハンセン病患者が隔離されているカラウパパをはじめて訪れたのも彼女です。また、カラーカウア王が世界一周旅行に行っている間も、立派に王の代わりを務めました。

　1887年、英国ヴィクトリア女王の統治50周年記念の式典には、カピオラニ王妃の通訳兼付添として参加。立派に役割をこなしました。

　このときにヴィクトリア女王から贈られた品物のひとつに、黒のエナメルで文字が刻まれた金のブレスレットがありました。その後、リリウオカラニが大切な恩師に、同じような文字を刻んだブレスレット

Hawai'i

Maui

Moloka'i

Lāna'i

O'ahu

Kaua'i

を贈り、これがハワイアンジュエリーのはじまりになったそうです。

1891年、体調を崩していた兄のカラーカウア王が亡くなります。すぐにリリウオカラニは女王を宣言。そのたった7カ月後、兄に次いで夫ジョンまで亡くします。

しかし、女王には、悲しむ暇はありませんでした。選挙権をハワイアンの男性またはハワイに市民権のある男性の手に取り戻すことと、王権の復活を軸とした、新しい憲法に着手はじめました。

けれどもハワイでサトウキビ産業を営んでいる白人ビジネスマンたちは、それを面白く思いませんでした。「もし女王が絶対的支配を望むというなら、我々はハワイを米国と併合するほうを望む」というのが、彼らの言い分でした。王権が復活したら、土地を取り上げられることを恐れていたからです。また米国内であれば、砂糖に関税がかからないので、利益が増えるというメリットもありました。

1893年1月14日。リリウオカラニ女王は新憲法を発布すると通達しましたが、すぐに撤回。しかしそれで刺激された有力白人系ビジネスマンたちは「公安委員会」を結成。米国公使スティーブンスに支援を求めます。スティーブンスは、ホノルルの非常事態を宣言。海兵隊をハワイ政府庁舎の近くに配備しました。公安委員会は暫定政府を樹立し、女王に武力で廃位を求めます。ハワイ暫定政府は「ハワイ共和国」を樹立して、アメリカとの併合の土台作りを進めました。

一方、リリウオカラニ女王を支援する王権派も黙っていたわけではありません。王権復活のために八方手を尽くしましたが、最後は武力で抵抗するという手段に出るしか方法がないと考え、武器を調達してホノルル市内数か所に隠し持ちました。それを共和国政府にかぎつけられてしまい、1895年1月16日、女王はクーデターの首謀者として逮捕。裁判にかけられ罰金5000ドル、懲役5年の有罪判決を受けます。女王はそれを拒んだために、イオラニ宮殿に幽閉されることになりました。

リリウオカラニ女王は、イオラニ宮殿に7か月間、幽閉された後、自宅ワシントン・プレイスに5か月間、軟禁されることとなりました。そして王権派が死刑になるのを避けるために、女王は王位復活をあきらめて、一般市民として余生を送ることにサインするという苦渋の決断をしました。

　王位を離れたリリウオカラニ女王は、その後も幾度となくアメリカ本土に足を運んで、ハワイ王国の復活のために活動したそうです。代々伝えられていたハワイの創世のチャント『Kumulipo』の英訳をしたり、自伝『Hawaii's Story』を出版したり、ハワイの子どもたちのための基金を創立したりしました。「Queen　Lili'uokalani Children's　Center」は、今日でもハワイの子どもたちを支援しています。1917年11月11日。女王は79歳でその生涯を閉じました。

Hawai'i

Maui

Moloka'i

Lāna'i

O'ahu

Kaua'i

神話

99 モコリイ
Mokoli'i

　オアフ島の東海岸をドライブすると右手の海に見えてくる特徴の
ある小島がモコリイです。帽子型をしていることから、通称チャイナ
マンズ・ハットと呼ばれています。このあたりは火山の女神ペレの妹
ヒイアカにまつわる場所。つぎのような話が伝えられています。

　ヒイアカはペレの夫ロヒアウを迎えにハワイ島からカウアイ島へ
と旅をするのですが、その途中、このモコリイのあるクアロアにやっ
てくると突然モコリイという名前のモオに襲われました（304ページ、
神話コラム参照）。モコリイとは、この地を通る者を誰彼かまわず襲
う凶悪なモオです。ヒイアカはペレから授かった魔術や魔法のパウ
（スカート）を使ってモコリイを退治すると、その尾を切り取って海に
投げ捨てました。それがこの島です。胴体は険しい崖下の海岸沿い
に置かれたので、それ以来、旅人はクアロアを通行しやすくなったと
いうことです。

　クアロア・リージョナルパークのあたりは広く平らな土地が広がっ
ていますが、それはモコリイの胴体なのですね。

　ほかにもモコリイには、つぎのような話もあります。

　昔、カイルアにカウルという若者がいました。カウルにはさまざま
な困難を乗り越えて兄を探しに行くという冒険物語があります。そ
のカウルがクアロアにやってきたときに、モコリイというモオに襲わ
れました。カウルはモコリイの歯を掴んで天高く飛び上がると、地面
にむかって投げつけました。モコリイの体はばらばらになって死ん
でしまいました。それ以来、この地はカウルが治めることになったと
いうことです。

　現在、わたしたちが安全にクアロアを通ることができるのも、ヒイ
アカやカウルのおかげだったのですね！

【MEMO】
カネオヘから83号を北に向かって進むと、右手が開けたところにクアロア・リージョ
ナル・パークの入り口がある。

Hawai'i

Maui

Moloka'i

Lāna'i

O'ahu

Kaua'i

歴史

100 クアロア＆モーリイ・フィッシュポンド
Kualoa & Mōli'i fishpond

　クアロアは王族に愛されたマナに満ちた場所で、オアフ島で最も聖なる土地のひとつだと言われました。昔は、ここにチーフがいると、沖を通るカヌーは敬意を払うためにマストを下ろして航行したそうです。罪を犯した者もこの地にやってくれば罪が許される、駆け込み寺のような場所でもありました。

　それほど神聖だったクアロアも時代を経てサトウキビ栽培が行われたり、軍の施設が建てられたりしましたが、1900年代に牧場としてスタートします。現在は観光施設として人気で、クアロアの美しい山や谷を舞台に『ジュラシック・パーク』『ゴジラ』などの映画が撮られたことでも知られています。

　近くの海にあるモーリイ・フィッシュポンドは約900年前に造られたものなのにもかかわらず、とてもよく管理維持されています。クアロアランチのツアーに参加すると船に乗って見学することができます。

　伝説によると、この石垣はメネフネが造ったそうです。メネフネは夜になると大勢で山の中からおりてきて、役割分担をしながら石を切り出し、運び、積み上げて、巨大な石垣を一晩で築くことで知られています。

　またこの近くのハキプウという場所には、かつてカハイという伝説の航海士が住んでいました。釘を一本も使わずに、木とロープだけで作られたカヌーに乗り、星の位置、潮の流れなど自然のサインを読み取って航海していました。

　あるときカハイは、タヒチ（サモアという説も）からウルという植物を持ち帰り、それをハキプウに植えたところ、どんどん増えたと言わ

れています。ウルの実は栄養豊かで、ひとつの実に成人男性が一日に必要な栄養素を含んでいます。王族たちは彼を称えて、自分たちと同じ位を授けました。またカメハメハ大王もカハイに敬意を表して、ハキプウの沖を航行するときに帆を下げたそうです。

【MEMO】
カネオヘから83号を北に向かって進むと、右側にクアロア・ビーチという小さなビーチがある。そこからクアロアの谷を眺めることができます。
クアロア・ランチのツアーに参加すると渓谷に行ったり、フィッシュポンドに行ったりできます。
Kualoa
https://www.kualoa.com/

[神話]

101 カウヒイーマカオカラニ
Kauhi'īmakaokalani

　北部の海を望む崖の上に、ライオンがうずくまっている姿をした岩があります。一般的にはクラウチング・ライオンと呼ばれるこの岩には、つぎのような神話が伝えられています。

　はるか昔、カウヒは火山の女神ペレが神々の国カヒキからハワイにやってきた時に同行した神でした。ペレ一向が旅の途中でオアフ島を訪れたときに、ペレにこの地を守るためここに留まるよう命じられました。それ以来、カウヒは崖の上で動かないようにして過ごしていました。

　ある時、ヒイアカが、姉ペレの命令でカウアイ島までペレの夫ロヒアウを迎えにいく旅の途中、この場所を通りかかりチャントを詠唱。美しいチャントを耳にしたカウヒは、ふと目を上げると、そこに美しい女神がいるのに気付きました。

　カウヒは自分も一緒に連れていってくれと言いましたが、ヒイアカは姉ペレから課せられた重要な任務があるので丁重に断ったということです。

　するとカウヒは怒って、ありったけの力を振り絞って起き上がろうとしたのですが、途中まで起き上がったところで力尽きてしまいました。そのため今でもしゃがみこんだ姿勢のまま、崖の上にいるのだそうです。

【MEMO】
カネオヘから83号を北に向かって進みます。クアロアを過ぎ、右側のスワンジー・ビーチ・パークを過ぎたら、左手の山の上にライオンの姿をした岩を見つけることができます。車を停める場所がないのでご注意ください。

神話

102 カハナ湾
Kahana Bay

　カハナ湾は訪れる人があまりいない静かな湾です。ぜひそのひっそりと落ち着いた感じを味わっていただきたいです。

　この湾にはかなり大きなフィッシュポンドがあり、間近でその石垣を見学することができます。この石垣は神話に登場するメネフネが造ったと伝えられています。

　またカハナ湾に行ったらぜひ後ろに横たわるコオラウ山脈を見上げてください。もう少し北になりますが、雨が多く緑豊かなこの森の奥で半神半豚のカマプアアが生まれたと伝えられています。

　このカハナ湾には、つぎのような話があります。

　ポーフエフエとカウナオアという仲の良い夫婦がいました。ある日、二人は些細なことで喧嘩をし、腹を立てたポーフエフエはカヌーに乗って出ていってしまったのです。彼は怒りにまかせて漕ぎ続けているうちにラナイ島にたどり着き、そこで一人で暮らしはじめました。残されたカウナオアはいつまでたっても帰ってこない夫を辛抱強く待っていました。

　それから何年も経ち、ポーフエフエの怒りはとっくに鎮まっていましたが、帰るきっかけを失っていました。そんなある夜、妻がカハナ湾で泳いでいる夢をみたのです。翌朝、彼はハウの林へ行き、黄色い花をたくさん摘んで、ひとつずつ海に流しました。

　ハウの花は、潮の流れに乗ってオアフ島のカハナ湾へと流れてきました。カウナオアがカハナ湾で泳いでいると、どこからともなく流れてきたハウの花に気づいたのです。それはよく夫が摘んでくれた花でした。

　海の上にはハウの花でできた一本の道が、ずっと向こうまで伸びていました。カウナオアは神に夫に会わせてほしいと頼みました。そして彼女は海に浮かぶハウの花の道の上を歩いていき、愛する夫と再会

したということです。

　ハワイの浜辺では、ポーフエフエというツル性の植物と、カウナオアというオレンジ色の茎が特徴的な植物が、からまって生えているのをよく見ることができます。

【MEMO】
オアフ島東海岸に沿った83号線を北上し、クアロアを過ぎてしばらく行くと右側に湾が見えてくる。カハナ・ベイ・ビーチパークに駐車。湾の東側にフィッシュポンドがある。

Hawai'i

Maui

Moloka'i

Lāna'i

O'ahu

Kaua'i

神話

103 ラーイエ岬
Lā'ie Point

　ラーイエ岬には不思議な雰囲気があります。足元の崖には波が打ち寄せ、沖には丸い穴があいた岩が横たわっています。海へ突き出た岬は突端のほうまで歩いていくことができるのでその雰囲気を味わってみてください。

　ここにはつぎのようなお話が伝えられています。

　昔むかし、カナという男が弟と一緒に、モロカイ島で捕らわれていた母親を救出しました。その後、ハワイから全てのモオを退治してやろうと決意して、弟と一緒に旅に出ました。モオというのは、トカゲの姿をした怪物のことです。

　しばらくしてカナは、このラーイエにやってきました。ここにはモオが棲んでいて、つぎつぎと人を襲うことで恐れられていました。カナはモオを退治して、その胴体を5つに切り刻んで海に放り投げました。それがラーイエ沖に見える5つの小島になったということです。

　ラーイエ岬はラーイエイカヴァイという有名な女神の神話にまつわる場所でもあります。(302ページ、神話コラム参照)。

【MEMO】
オアフ島東海岸に沿った83号線を北上し、左手のポリネシア・カルチャー・センター
を越えて、少しいったアネモク・ストリートを右折。

Hawaiʻi

Maui

Molokaʻi

Lānaʻi

Oʻahu

Kauaʻi

神話

104 ペレの従者
Pele's Followers

　火山の女神ペレは、神々の住む国カヒキからハワイにやってきました。そのときに同行した神々のうちの何人かが、この石に姿をかえてこの地を守っていると伝えられています。

　ペレはハワイの島々を旅して、最終的にハワイ島のキラウエアに永住することになったのですが、その間に各島のいろいろな場所に兄弟や親戚を置いて、その地を守る番人に命じました。そのほとんどが石に姿を変えて今でもその地を守っています。

　溶岩大地の上に、大きな石が並んでいますが、これもペレがこの地を守るために置いていった従者たちです。ハワイ語でナ・ウカリ・オ・ペレ。この従者たちの名前はパカア、その妻ヒナアルアルモアナ、その息子クアパカアとカアレヌイとカアレイキ。雨風が吹き荒れるように喧嘩をしていたホロホロウアとホロホロマカニ、そしてオオプハラコアです。

　近くに行った際には、ぜひ訪れてみてください。

【MEMO】
オアフ島北部ハレイワから83号線をさらに北へ進み、ワイメア渓谷を超えると、左手にプープーケア・ビーチパークがある。車を停めて海沿いの溶岩台地を北に向かってあるいていく。

105 プウ・オ・マフカ・ヘイアウ
Puʻu o Mahuka Heiau

「逃れの丘」という意味のプウ・オ・マフカ・ヘイアウは、オアフ島最大のヘイアウです。海を見下ろす山の上に建てられていて、昔は儀式を行うほかに、見張り台などの役割もありました。

現地に備え付けられているパンフレットよると17世紀に造られたそうです。大きな四角い石垣が三段に連なっていて、チーフが変わるごとに石垣を増やしました。ルアキニ・ヘイアウといって、統治しているチーフが神に祈りと生贄を捧げるヘイアウでした。

何度か行ったことがありますが、いつも果物やレイなどの供物が捧げられています。かつて石垣の内側には、キイと呼ばれる木彫りの像、祭壇、聖なる太鼓をおさめる小屋、聖なる水を保存するための小屋、聖なる火をともした小屋などがありました。

ヘイアウをぐるりと一周できるトレイルがあります。昔の儀式の様子をイメージしながら歩いてみてください。

【MEMO】
オアフ島北部の83号線で、ハレイワとサンセットビーチの間にあるププケア・ロードから山に入ります。山の中ですので、ひと気がありません。ツアーガイドと行くことをお勧めします。ヘイアウでは静かに遠くから見学させてもらいましょう。

Hawaiʻi

Maui

Molokaʻi

Lānaʻi

Oʻahu

Kauaʻi

歴史

106 ワイメア&ハレ・オ・ロノ・ヘイアウ
Waimea & Hale O Lono Heiau

　オアフ島北部にあるワイメア渓谷はとても豊かなアフプアアです。アフプアアとは昔のハワイの土地区分で、川を中心にした山から海までの三角形の土地のこと。昔のハワイの人々はアフプアアの中で、生きるのに必要なすべてを賄っていました。森には薬草、カヌーやタパの材料となる木があります。中腹では川から水を引いてタロ畑を作り、畑でイモやウルやココナツを栽培します。そして海には魚が豊富で、岩場では貝や海藻を採りました。

　かつてここは観光施設だったので、訪れたことのある方もいらっしゃるのではないでしょうか。現在はハワイの非営利団体によって管理され、ハワイ文化の継承やハワイ固有の植物の保護などが行われています。

　ワイメア渓谷にはたくさんの住居跡、ヘイアウ、漁業の神クーウラをまつった祭壇、チーフなど高位の人の遺骨を納めた神殿などがあり、修復保存されています。そのひとつが1470年ごろに造られたハレ・オ・ロノ・ヘイアウです。ハワイ語で「ロノの家」とあるように、ここは農業の神ロノ神に捧げられた神殿でした。こちらは駐車場から見学することができます。

【MEMO】
ハレイワから83号線を北に向かってしばらくして、ワイメア・バレー・ロードを右折。
WAIMEA VALLEY
https://www.waimeavalley.net/

107 リリウオカラニ教会
Liliuokalani Church

　リリウオカラニ教会は、オアフ島北部のハレイワの町にあります。その名が示すとおり、リリウオカラニ女王と深い関係があります。かつて女王はよくハレイワに滞在していたのですが、滞在中はこの教会で祈りを捧げていたそうです。

　教会の中には、リリウオカラニ女王から贈られた時計が飾られています。文字盤には数字ではなく、ＬＩＬＩＵＯＫＡＬＡＮＩと記されている特別な壁掛け時計。女王がイギリスとハワイを往復する途中でアメリカに立ち寄ったときに作らせました。その時計には、ほかにも曜日、何月の何週なのか、月齢を知らせる３つの文字盤があります。

　面白いことに、アメリカで作られたにもかかわらず、なぜか「イギリス時計」と呼ばれているそうです。

　教会の中は自由に立ち入ることはできませんが、女王が通った教会をぜひ実際に眺めてみてください。教会の入り口には溶岩の石が積み重ねられたアーチの門がありますが、その石垣の上の月下美人が見事です。

【MEMO】
オアフ島北部ハレイワの町。カメハメハ・ハイウェイとエマーソン・ロードが交わると
ころ。

108 ポーハク・ラナイ
Pōhaku Lanaʻi

　ポーハク・ラナイは、まわりに何もない広場の真ん中に突然現れる巨大なキノコのような面白い形をした巨石です。高さ３ｍ以上。巨石の周りにはティの木が植えられています。

　いったいどうやって２つの石が重ねられたのか不思議ですね。そんなことから「バランス・ロック」とも呼ばれているようです。伝説によれば神々が住む国カヒキからやってきたのだとか。昔はこの地を治めるチーフが供物と祈りを捧げていました。

　ほかにも、この石の上に立って海を眺め、魚の群れがきたら、棒で石を叩いたとも言われています。

　ハレイワの町のすぐ近くですので、ぜひ足を伸ばしてみてください。

【MEMO】
ハレイワの町からハレイワ・ロードを西に向かう。カイアカ・ベイ・ビーチパーク内。

Hawai'i

Maui

Moloka'i

Lāna'i

O'ahu

Kaua'i

神話

109 カエナ岬＆レイナ・ア・カ・ウハネ
Ka'ena Point & Leina A Ka 'Uhane

　オアフ島の最西端にあるカエナ岬は、昔から亡くなった人の魂が
あの世に飛んでいく場所だと言われています。正確にはカエナ岬の
突端の少し手前にある、レイナ・ア・カ・ウハネという石のある場所か
らあの世に向かうのだそうです。高さは人の背丈ほどある大きな石。
人が亡くなると肉体から魂が離れ、太陽が沈む西のほうへと向かい、
このような場所からポーと呼ばれる暗い魂の世界へ飛び込むのです。
このような場所はハワイの各島にあり、その多くは島の西端の岬で
す。

　カエナ岬はハワイ神話の宝庫。火山の女神ペレがカヒキからハワ
イにやってきたときにも、この地に立ち寄っています。また、ペレの
妹ヒイアカがハワイ島からカウアイ島へと旅をする途中にも、このカ
エナ岬からカウアイ島へカヌーで渡りました。

　カエナ岬の突端にいくつか岩がありますが、それはポーハク・カウ
アイと言われています。

　ポーハク・カウアイにはマウイに関する話があります。マウイがこ
の地に立ったときに、カウアイ島を見て、「カウアイ島とオアフ島を
くっつけよう！」と思い立ちました。そして魔法の釣り針でカウアイ
島をひっかけると、力をこめて引っ張ったのです。けれども途中で糸
が切れ、その勢いでカウアイ島の一部がカエナ岬の沖に飛んできま
した。それがポーハク・カウアイだということです。

　また別の話によれば、カウアイ島に住んでいた巨人が、オアフ軍が
攻めてきたと勘違いして、びっくりして大きな岩を投げて撃退しよう
としました。その時に投げた石が、ポーハク・オ・カウアイだともいわ
れています。（340ページ。神話コラム参照）

　岬の突端は自然保護区になっていてフェンスで囲まれています。

アホウドリの巣も保護されていて、ロープ内に立ち入ることはできません。途中の海では運が良ければハワイアンモンクシールも見ることができます。

【MEMO】
カエナ岬に行くには、ノースのハレイワから西へ向かう方法と、ワイアナエがある西海岸に出てから北に向かう方法があります。いずれにしても道の行き止まりから1時間半ほど歩いて向かいます。道は平坦ですが、日陰がないので暑い時間帯に行くことはおすすめしません。ひと気のない場所ですので、ツアーガイドと一緒に行くことをお勧めします。

110 クーカニロコ
Kūkaniloko

　オアフ島のピコ（中心）だとされるクーカニロコは、かつて王族の出産が行われた場所でした。いくつか石が点在していて、その中央に出産用のための石、バース・ストーンがあります。かつての王族の出産は大変な儀式でした。間違いなく王妃から跡取りとなるその赤ん坊が生まれてくるところを、王やカフナたちによって見届けられなくてはならなかったからです。

　このバース・ストーンには神秘の力、マナが宿っていて、出産の苦しみを取り除く力があるといわれていました。そして、ここで生まれた赤ん坊は、特別な力を持つといわれました。そのため多くの王族がここで出産することを望んだそうです。カメハメハ大王もケオープーオラニ王妃にこの場所で出産させたかったようですが、あいにく王妃の具合が悪くハワイ島からここまで旅ができずに断念したのだとか。

　ラーイエイカヴァイの神話でも、双子のひとりラーイエロヘロヘはこのクーカニロコで育てられたと伝えられています。

　またこの場所は、まわりの山々などの地形をつかって、太陽や星々の動きを学ぶ場所でもありました。神聖で重要な場所ですので遠くから見学させていただきましょう。

【MEMO】
近年、敬意を払わない訪問者が多く問題になっているようです。閉鎖されているとき
もありました。NO PUBLIC ACCESS の内側には入ってはいけません。

Hawai'i

Maui

Moloka'i

Lāna'i

O'ahu

Kaua'i

◎ **神話コラム　カマプアアの誕生**

　ハワイ語で「豚の子ども」という意味のカマプアアは、八つ目の豚、ハンサムな人間の男、フムフムヌクヌクアプアアという魚、雑草などさまざまな姿をもつクプア（半神半人）です。

　カマプアアはオアフ島の北部の山の中で、母ヒナから子豚の姿で生れました。それを見た祖母はすぐにその子どもがクプア（半神半人）であることを知り、大きくなるまで大切に育てました。その後、カマプアアは豚の性格そのままに、貪欲で野性味あふれる大人に成長し、ハワイの島々でさまざまな冒険や戦いを繰り広げることになるのです。

　ほかにもカマプアアはカヒキで生れたという話もあります。

◎ 神話コラム　カマプアアとオロパナ王

　あるとき、カマプアアはカイルアのチーフ、オロパナの鶏を盗もう
としてチーフの家来に捕まってしまいました。手足を縛られてヘイ
アウに連れていかれる途中、カマプアアは体をよじって大暴れをして
綱を切り、逃げ出すことに成功します。

　それを知ったオロパナは腹を立て、すぐに兵を集めてカマプアア
を捕らえるよう命じました。しばらくすると家来のひとりが、山の中
の崖の上で寝ているカマプアアを発見。

　オロパナ王と家来たちは、カマプアアが寝ている崖をめざして、谷
をのぼっていきました。崖の上ではカマプアアが悠々と横たわって
います。でもそれはカマプアアの策略でした。眠っていると見せか
けて、実際は崖の上で大きな体を川に横たえて、滝をせき止めていた
のです。

　カマプアアは、オロパナと家来たちが近くまで来たのを見計らい、
いまだとばかりにせき止めていた川の水を放ちます。激しい水の流
れに、オロパナ王と家来たちはあっという間に海へ流されてしまいま
した。

　そしてカマプアアは、フムフムヌクヌクアプアアという魚に姿を変
えて海へ逃げていったということです。

Hawai'i

Maui

Moloka'i

Lāna'i

O'ahu

Kaua'i

◎ 神話コラム　ラーイエイカヴァイの物語

　昔むかし、オアフ島北部のライエに住むチーフのところに、双子の
女の子が生まれました。片方の女の子のラーイエロヘロへは、オア
フ島のクーカニロコでカフナに育てられ、もう一人の女の子のラーイ
エイカヴァイは、ハワイ島の楽園パリウリで乳母ワカに育てらること
に。

　やがてラーイエイカヴァイは美しい娘に成長しました。その噂は
ハワイ中に知れ渡り、カウアイ島の王子アイヴォヒクプアの耳にも届
きました。

　あるときアイヴォヒクプアはプロポーズするためにハワイ島へ向
かうのですが、途中で立ち寄ったマウイ島ハナでヒナイカマラマとい
う美女と婚約してプレイボーイ振りを発揮します。そしてパリウリに
やってきたのですが、ラーイエイカヴァイが住む豪華な鳥の羽の家を
見て怖じ気づき、出直すことにしました。そしてその帰り道でも、ハ
ワイ島コナで知り合ったポリアフと恋愛を楽しみます。

　つぎにアイヴォヒクプアは5人の姉と一緒にパリウリにやってきま
したが、結局、結婚の承諾を得られず、恥ずかしさのあまり故郷に帰っ
てしまいます。そしてラーイエイカヴァイを諦め、ポリアフと結婚す
ることにしました。けれども結婚式の最中に、婚約を交わしていたヒ
ナイカマラマが乗り込んできて、ポリアフは身を引くことになります。

　その後、アイヴォヒクプアとヒナイカマラマが抱き合うたびに、ど
こからともなく冷たい風が吹いてくるのです。不気味に思ったヒナ
イカマラマは、とうとうアイヴォヒクプアを捨てて出て行ってしまい
ました。

　一方、ラーイエイカヴァイの双子の姉妹ラーイエロヘロへは、位の
高いチーフと結婚しました。まもなくラーイエイカヴァイも太陽の目
の神カオーノヒオカラーと結婚して、天で一緒に暮らすことになりま

す。太陽の目の神は、最高位のチーフとして、時々地上に降りて見回りをしなくてはならないのですが、だんだんとその回数が増えて、その期間も長くなっていきました。実は、太陽の目の神は妻の双子の姉妹ラーイエロヘロヘを誘惑して、二人は頻繁に会っていたのです。

そのことを知ったラーイエイケカヴァイは怒るというよりもラーイエロヘロヘが巻き込まれていることを悲しみました。そこで夫の両親に相談すると、両親は息子の行いを恥じて、息子に天に昇ることを禁じました。夫と別れたラーイエイカヴァイは、ラーイエロヘロヘと一緒に暮らすために地上へと降りました。双子の姉妹は、それからずっと仲良く一緒に暮らしたということです。

Hawai'i

Maui

Moloka'i

Lāna'i

O'ahu

Kaua'i

◎ 神話コラム　ヒイアカの旅

　ある時、火山の女神ペレは長い眠りにつきました。肉体を離れたペレの魂はカウアイ島の王子ロヒアウと出会い、一目ぼれをします。ペレは美しい人間の女性の姿になってロヒアウと結婚しました。

　しかしペレはハワイ島の火山をいつまでも留守にするわけにはいきません。そこで妹を迎えに寄こすので待っていてほしいとロヒアウに告げ、ペレの魂はハワイ島へ帰ったのです。

　眠りから覚めたペレは一番お気に入りの妹ヒイアカにロヒアウを連れてくるように命じます。そしてロヒアウには指一本触れてはならないと付け加えました。ヒイアカは自分が留守の間、大切な友人ホーポエとレフアの林を守ることを条件に、姉の命令に従うことにしました。

　ヒイアカは西に向けて旅に出ました。途中でいろいろな魔物たちに襲われますが、お供のシダの女神パウオパラエや、ワヒネオマオとともに、ペレから授かった魔法のスカートや魔術で応戦します。中でも各地にいるモオと呼ばれるトカゲの怪物とは、幾度となく戦いを繰り広げることになりました。

　やっとの思いでカウアイ島にたどり着いたヒイアカですが、ロヒアウがペレを恋しく思うあまり死んでいたことを知り、魂を探して肉体に戻す儀式を行って生き返らせます。そしてロヒアウの回復を待って一緒にハワイ島へ帰りました。

　一方ペレは、待てど暮らせど帰ってこないヒイアカに苛立ち、最終的にはヒイアカにロヒアウを奪われたと邪推して、怒りを爆発させ、ヒイアカの友人ホーポエとレフアの林めがけて溶岩を流して焼いてしまいました。

　やっとの思いでハワイ島に帰ってきたヒイアカは、ペレが裏切ったことを知りました。もう姉との約束を守る必要はないと思ったヒイアカは、ペレの目の前でロヒアウとしっかりと抱き合ってみせたのです。

実は旅の間にヒイアカとロヒアウはお互いに惹かれ合っていたのですが、ペレに忠誠を誓っていたヒイアカはその思いに屈することはなかったのでした。

　二人の抱擁を目にしたペレは猛烈に怒り、ロヒアウを殺してしまいます。それを見たヒイアカはこれまで感じたことのない激しい怒りを抑えることができませんでした。ペレの家であるキラウエアの火口の底へ飛び込み、地面を破壊して、地下へ地下へと進んでいきました。最後の地下の地盤が破壊される寸前で、これ以上破壊されると、地下から水があふれて火口が水浸しになり、火山の火が消えてしまうことを恐れたペレは、自分の非を認めてヒイアカにあやまったのでした。

　その後、ヒイアカは、神によって再び命を与えられたロヒアウとともに、カウアイ島で幸せに暮らしたということです。

111 モアナルア・ガーデン
Moanalua Gardens

　日本では「この木何の木〜」で有名なモンキーポッドの木があるのが、このモアナルア・ガーデンです。このあたりは大きなアフプアアで豊かな土地と漁場に恵まれていました。

　もとはカメハメハ大王の孫娘バーニス・パウアヒ・ビショップが所有していましたが、王家と深い関わりのあるサミュエル・デーモンという人が受け継ぎ、世界中から熱帯植物を集めたり、日本の茶室やチャイニーズ・ホールを建てたり、世界の文化を取り入れた公園が造られました。汽車の駅もありました。

　かつてカメハメハ5世は、子どものころからよくモアナルアを訪れていて親しみがあったようです。ここでルアウ（宴）を催し、たびたび客人を招き、禁じられていたフラを躍らせていました。フラの復活に尽力した王（ロト・カプアイヴァ）を称える「プリンス・ロト・フラ・フェスティバル」も開催されていました。現在この公園は、かつて6,000エーカーもあった土地のほんの一部となりましたが、当時の豊かさを感じられるマナに満ちた場所です。ゆっくりと散策してみてください。

【MEMO】
モアナルア・フリーウエイを西に進み、Tripler exit を出る。

Moanalua Gardens
https://www.moanaluagardens.com/

Hawai'i

Maui

Moloka'i

Lāna'i

O'ahu

Kaua'i

神話

112 アーリアパアカイ
ĀliaPa'akai

　ダニエル・K・イノウエ空港の北側にあるのが、複雑な形をしたアーリアパアカイです。一般的にはソルトレイクと呼ばれています。その名のとおり湖の水は塩分を含んでいて、地元の人たちの中には、この湖の底には海に通じる穴があいていると言う人もいるそうです。

　この湖は火山の女神ペレにまつわる場所でもあります。

　はるか遠い昔、神々の国カヒキからやってきたペレは、安住の地を探して深い火口を求め、ハワイ諸島を西から順番に旅してきました。そしてオアフ島にやってきたときに、この場所に穴を掘ったのです。でも、住むには向いていないことが分かり、そのときにペレが流した涙が湖になったと伝えられています。

　ペレは怒ると溶岩を流して全てを破壊する、そんな怖いイメージを持っている方も多いと思いますが、ペレも、なかなかうまくいかなくて涙を流したと知ると親近感がわきますね。

【MEMO】
ニエル・K・イノウエ空港の北に位置する。

Hawai'i

Maui

Moloka'i

Lāna'i

O'ahu

Kaua'i

歴史

113 ケアイヴァ・ヘイアウ
Keaīwa Heiau

　ケアイヴァ・ヘイアウは、16世紀のオアフ島のチーフ、カクヒヘヴァの時代に建てられたと考えられています。ケアイヴァとは「不思議な」という意味で、不思議な力を持っていたカフナの名前や薬草に由来しているのではないかということです。丸い石垣の外側を二重の石垣が囲んでいる珍しい形をしていますが、その中央の丸い石垣の中でヒーリングの儀式が行われていました。

　さらにここは薬草、断食、祈りなどヒーリングの技術ラアウ・ラパアウを学ぶ学校でもありました。石垣の内側に建てられた大きな草ぶき小屋に納められているヒーリングの道具を使いながら、カフナは地面に敷いたマットの上に人型に小石を並べて治療法を弟子たちに教えていたそうです。ヘイアウのまわりには薬草を植えていて、カフナと弟子たちは厳しいカプのもとここで生活を共にしていました。女性の弟子はヘイアウの中に入ることはカプで、ヘイアウの外で訓練を受けます。一人前になるには15年もかかったそうです。

　このヘイアウは山の上のケアイヴァ・ヘイアウ・ステート・リクリエーション・エリア内にあります。謙虚な気持ちで静かに石垣の外から見学させていただきましょう。

【MEMO】
ホノルルから H1 を進み、モアナルア・ハイウェイの終点を出る。ウルネ・ストリートから、アイエア・ハイツ・ドライブをのぼっていった終点。

KEAĪWA HEIAU STATE RECREATION AREA
https://dlnr.hawaii.gov/dsp/parks/oahu/keaiwa-heiau-state-recreation-area/

Hawai'i

Maui

Moloka'i

Lāna'i

O'ahu

Kaua'i

神話

114 ワイパフ＆エヴァ
Waipahu & 'Ewa

ワイパフとエヴァは、オアフ島の中南部、パールハーバーの近くにある地区名です。神話を読んでいるとちょこちょこと登場する場所ですのでご紹介します。

ワイパフにはサメの女神カアフパーハウが住んでいるのだそう。かつてパールハーバーに米海軍がドライドックを建設したのですが、それが崩壊したのはカアフパーハウの家のすぐ上だったからだと言われています。

また、ここはマウイにまつわる場所。八つ目のコウモリのような怪物ペアペアに妻クムラマを連れ去られたマウイは、ワイパフに住むおじいさんが鳥の羽、ティの葉、イエイエの蔓で作ってくれた飛行船に乗ってクムラマを連れ戻したという話があります。

一方、エヴァには、カネ神とカナロア神にまつわる神話が。あるとき地区の境を決めようとして石を投げました。その石を見失ってしまいましたが、のちにエヴァのピリオカへで見つかったそうです。

ほかにもカエフという名前の黄色いサメの話も。故郷のハワイ島へ帰る途中、ワイキキの海で人食いサメを退治したと伝えます。

また、虹の女神カハラオプナが最後に殺されて埋められたのもエヴァでした。

そして火山の女神ヒイアカも、姉の夫ロヒアウをカウアイ島から連れて帰る途中、この地を訪れています。

エヴァに行かれたら、ぜひハワイアン・レイルウェイを訪れてみてください。かつてサトウキビを運んだり、観光客を運んだりして活躍したハワイの鉄道の歴史を残すために、エヴァとカヘポイントの間の路線を復活させたものです。ハワイの歴史に思いを馳せながら、ゆっくりとハワイの鉄道の旅を楽しんでみてはいかがでしょう。

【MEMO】
ワイパフはパールハーバーの北西の一帯。エヴァはパールハーバーの西の一帯。

Hawaiian Railway Society
http://www.hawaiianrailway.com/index.php

Hawaiʻi

Maui

Molokaʻi

Lānaʻi

Oʻahu

Kauaʻi

歴史

115 クイリオロア・ヘイアウ
Kuilioloa Heiau

　クイリオロア・ヘイアウは、オアフ島西部ワイアナエのカネイリオ岬にあります。小さく突き出た岬の突端にあり、三方を海に囲まれているのが特徴です。四角く囲われた石垣がいくつか連なっていて、とてもきれいに維持・管理されています。何の目的で造られたヘイアウなのかはわかっていません。

　クイリオロアとは、かつては旅人を守る伝説の犬でしたが、その後、悪い犬が乗り移って、邪悪な犬となったそうです。その犬は豚神カマプアアによって退治されたという話もあります。

　ヘイアウはハワイアンが昔から大切にしてきた神聖な場所です。少し離れたところから静かに見学させていただきましょう。

【MEMO】
オアフ島西海岸の93号線を北上し、ワイアナエを過ぎ、左手のポーカイ・ベイ・ビーチパークに駐車。西海岸のほうは観光客はほとんどいません。ひと気がない場所も多いのでツアーガイドと一緒に行くことをお勧めします。

Hawai'i

Maui

Moloka'i

Lāna'i

O'ahu

Kaua'i

神話

116 マウナ・ラヒラヒ
Mauna Lahilahi

　このピラミッド型の小山マウナ・ラヒラヒは、ハワイ語で「薄い山」という意味です。まるでナイフで細く切ったように見えることから付けられたと言われています。

　この山は、ハワイの四大神の中の最高位の神カネの聖なる場所だそうです。また天の神ワーケアと地の神パパに関係するという言い伝えや、漁の神アイアイに関わるとも伝えられています。

　どれも詳しいことは不明なのですが、昔から聖地として崇められてきたことは確かなようです。このあたりは古くからハワイの人々が定住したところで、ヘイアウや、ペトログリフや、墓地が見つかっています。

【MEMO】
オアフ島西海岸の93号線を北上し、ワイアナエの町をすぎてしばらく進むと、左手にピラミッド型の山が見えてくる。西海岸のほうは観光客はほとんどいません。ひと気がない場所も多いのでツアーガイドと一緒に行くことをお勧めします。

Hawai'i

Maui

Moloka'i

Lāna'i

O'ahu

Kaua'i

神話

117 カネアナ洞窟
Kāneana

　オアフ島を西回りで最西端のカエナ岬に向かっていくと、道の終点あたりの右手に大きな洞窟があります。それがカネアナ洞窟です。想像よりもずっと大きな洞窟だったので、最初に見たときにはびっくりしました。

　この洞窟はサメの女神が住んでいると伝えられています。人間の女性の姿になって人々を誘い込んだとか……。

　ほかにもサメ神カモホアリイの息子が住んでいたという話もあります。彼はハンサムな若者に姿を変えて旅人を洞窟に誘い込み、そこでサメの姿に戻って旅人を食べたそうです。また、マウイがここで祖母と暮らしていたという話もあります。

　この洞窟はとても神聖な場所でカプとされていました。昔は儀式が執り行われていたため、洞窟の中には生贄を捧げる祭壇があるそうです。まさに辺境の地で、人を寄せ付けないような雰囲気があります。

【MEMO】
オアフ島西海岸の93号線をずっと北上し、マカハの町をすぎてさらに北へむかっていくと、右手に大きな洞窟がある。西海岸のほうは観光客はほとんどいません。ひと気がない場所も多いのでツアーガイドと一緒に行くことをお勧めします。

Hawai'i

Maui

Moloka'i

Lāna'i

O'ahu

Kaua'i

90 ハナウマ湾
91 ペレの椅子
92 ポーハク・パアキキー
93 カネポル
94 モカプ半島
95 ウルポーヘイアウ
96 カワイヌイ・マーシュ
97 ヘエイア&マーエリエリ
98 アフ・オ・ラカ
99 モコリイ
100 クアロア&モーリイ・
　　フィッシュポンド

101 カウヒイーマカオカラニ
102 カハナ湾
103 ラーイエ岬
104 ペレの従者
105 プウ・オ・マフカ・ヘイアウ
106 ワイメア&ハレ・オ・ロノ・ヘイアウ
107 リリウオカラニ教会
108 ポーハク・ラナイ
109 カエナ岬&レイナ・ア・カ・ウハネ
110 クーカニロコ
111 モアナルア・ガーデン
112 アーリアパアカイ
113 ケアイヴァ・ヘイアウ
114 ワイパフ&エヴァ
115 クイリオロア・ヘイアウ
116 マウナ・ラヒラヒ
117 カネアナ洞窟

104
ワイメア湾
105 ポリネシア文
107 106
108 ハレイワ
109
117
110
マカハ
116
115
11

320

103

チャイナマンズハット
99
102
101
100
98
97
94

カネオヘ
96
95
カイルアビーチ
93
ラニカイビーチ
113
86
112 111 79
83
78 85
76 84
87 74 75
81 82
77
89 88 92
91
ダニエル・K・
イノウエ空港
ワイキキ
ハナウマ湾
90
80 ダイヤモンドヘッド
70,71,72,73

Hawai'i

Maui

Moloka'i

Lāna'i

O'ahu

Kaua'i

カウアイ島
Island of Kaua'i

Kaua'i

PAHU

神話

118 アレココ
'Alekoko

アレココは、一般的にはメネフネ・フィッシュポンドと呼ばれています。

メネフネとは神話の中に登場する小さな人たちのこと。ハワイで最初にカウアイ島に住んだとも言われています。背丈は60cm 〜 1m。毛深く、赤ら顔、大きな目、だんご鼻という個性的な風貌をしていて、歌ったり踊ったりすること、遊ぶことや食べることが好きです。ときに魔術も使います。昼は山の中にいて、夜になると山を下りて魚やエビを捕り、朝日が昇る前に山に帰ります。

メネフネは一晩で石垣を築くことでも有名。大勢のメネフネがひとつずつ石を積み上げて造ったといわれる用水路、フィッシュポンド、ヘイアウなどがハワイ各地にあります。

ここアレココには、つぎのような話が伝えられています。

昔むかし、ナウィリウィリに王子と王女が住んでいました。あるとき不漁が続いた年に、王子はメネフネに頼んで、フレイア川の河口にフィッシュポンドを造ることを思いつきます。フィッシュポンドで魚を育てれば、いつでも好きなときに魚を得ることができるからです。さっそく王子の家来がメネフネのリーダー、パパエナエナと交渉して、つぎの満月の夜にフィッシュポンドが造られることになりました。ただし、それには条件がありました。完成した後はメネフネにも魚の分け前を渡すことと、仕事をする間、誰ものぞき見をしてはならないことです。朝日が昇るまで雄鶏を鳴かせてもいけないし、犬も豚も鳴かせてはいけないということでした。

そして満月の夜に……。村中の雄鶏や犬や豚は小屋の中に隠され、村人も、そして王子も王女もそれぞれの家にこもって息をひそめていました。

しばらくすると遠くから大勢の人の足音と低い話し声が聞こえてきたのです。王子は外を見たくてしかたありませんでしたが、メネフネと

の約束を思い出してぐっとこらえました。ただ待っているだけの時間はとても長いものでした。夜は永遠に続くかのように思われました。そしてとうとう王子は我慢できずに小屋からそっと外を覗いてしまったのです。

　視線を察知したパパエナエナは、すぐに仲間に仕事を中止して集まるように命じました。仲間のメネフネたちは抱えていた石をその場に置いて、フィッシュポンドの近くで指揮をとっていたパパエナエナのもとに集まりました。彼らの手は溶岩の塊を運んでいたために傷だらけ。メネフネたちはその手を洗って山へ帰っていったのです。

　朝になって王子と王女がフィッシュポンドを見に行くと、石垣はあとほんの3mというところで未完成のまま放置されていました。池の水はメネフネが傷ついた手を洗ったために血で真っ赤に染まっていて、そよ風にさざなみが立っていたそうです。

　このフィッシュポンドは「アレココ（赤いさざ波）」と名付けられました。今でもこのフィッシュポンドの石垣の一部は、全く違う造り方で補修されているのが見られるそうです。1973年に国家歴史登録財に登録されています。

【MEMO】
ナウィリウィリ湾に注ぐフレイア川の河口近くにあります。川に沿ったフレマル・ロード沿いにメネフネ・フィッシュポンドの展望台があります。

Hawai'i

Maui

Moloka'i

Lāna'i

O'ahu

Kaua'i

神話

119 ワイルア滝
Wailua Falls

　ワイルア滝は、カウアイ島東部に流れるワイルア川をだいぶさかの
ぼったところにあります。ある神話では、ヒイアカはこの滝に棲むト
カゲの姿をした怪物モオと戦ったと伝えます。

　そのときに唱えたのが「クニヒチャント」だと言われています。こ
の「クニヒチャント」は、よくフラの教室に入る許可を求めるために詠
唱されます。ヒイアカはここでモオと戦って勝ち、ワイルア川を渡っ
て、北部にあるハーエナに向かいました。

　ここはレンタカーがあれば誰でも簡単に行くことができます。ヒイ
アカが立ち寄ったといわれる場所を訪れ、ヒイアカが見たであろう
景色をぜひ見てみてくださいね！

【MEMO】
リフエから583号線を北上し終点までいくと、ワイルア滝を見下ろす展望台がある。

120 シダの洞窟
Fern Grotto

　シダの洞窟は、シダに覆われた大きな岩の洞窟で、カウアイ島の有名な観光地です。ハワイ語ではマーマーアクアロノといいます。洞窟といってもトンネルのようなものではなく、幅広く奥行きはそれほどないくぼみのような感じです。

　その昔、王族の結婚式が行われたという聖地で、王族以外の人は立ち入ることを許されませんでした。

　かつては洞窟全体がシダに覆われていて、いかにも南国らしい神秘的な雰囲気がありましたが、残念なことに2006年の大雨で崖が崩れて洞窟が半分以上埋まってしまったのです。現在展望台が設えられ、そこから洞窟の入口を見るだけとなっています。

　それでもここが神聖な場所であることには変わりありません。機会があれば、ぜひその神聖な空気を感じてきてくださいね。

　車や徒歩では行くことができず、ボートで川をのぼっていくツアーへの参加が必要です。船内で「ハワイアン・ウェディング・ソング」の演奏を聴きながら、片道30分の船旅。川沿いのハウの林が見事です。

【MEMO】
リフエから56号線を北上。ワイルア川河口にあるワイルア・マリーナから船で行く。

Smith's Kauai
https://www.smithskauai.com/fern-grotto/

121 ハウオラ&ヒキナアカラー・ヘイアウ
Hauola & Hikina'akalā Heiau

　ワイルア川流域と河口一帯は The Wailua Complex of Heiau と呼ばれ、ヘイアウ、ペトログリフ、バースストーン、ベルストーンなどが点在しています。このあたりはかつてカウアイ島の政治的、宗教的中心でした。ワイルアの地名は、14世紀のチーフ、ワイルアヌイアホアノに由来します。

　ハウオラとは「生命の滴」という意味で、ワイルア川河口あたりのこと。かつてこの地はカプ（禁制）を侵した者や、戦いに敗れた者などのプウホヌア（逃れの地）、いわゆる「駆け込み寺」でした。ここに逃げ込んで儀式を受ければ罪はなくなり放免されます。たとえチーフでも手出しはできない神聖な場所でした。

　ハウオラの中心にあったのがヒキナアカラー・ヘイアウ。ハウオラで最初に太陽の光が届く場所に建てられています。ヒキナアカラーとはハワイ語で「昇る太陽」という意味。ハワイでは東から昇る太陽の最初の光はとても神聖なものなのです。

　ここの海は癒しの儀式を行った場所でした。ワイルア川から真水が流れ込んで海水と交じり合う場所であり、さらに太陽の最初の光を受けるところです。病人は何度も海に入り、病を海に解放しました。癒しの儀式のひとつに、リムカラという海藻のレイを首にかけて海に入り、波でそのレイが首から外れると、病も体から取り除かれるというものがあります。

　案内板によると、ここは18世紀までは海に向かって細長く長方形のヘイアウが築かれていましたが、19世紀になってハワイの神々への信仰が禁止されると石垣の中はサツマイモやココナツの畑として使用されました。20世紀に入ると、石は鉄道線路のために持ち去られ、大きな基礎だけが残り、現在に至ります。

ワイルア川河口一帯は神聖で、神秘の力マナに満ちた、清める力が
ある場所。ぜひ訪れてみてください。

【MEMO】
リフエから56号線を北上して、ワイルア川の手前を右折、リドゲート州立公園の中
にあります。

122 ホロホロクー・ヘイアウ
Holoholokū Heiau

ホロホロクー・ヘイアウは、カウアイ島で最も古いヘイアウと言われています。もともとはカ・ラエ・オ・カ・マヌという名前でした。はじめてタヒチからハワイにパフ(儀式で使う太鼓)が伝えられたときに、そのパフはこのヘイアウに置かれたと伝えられています(357ページ、神話コラム参照)。

広さは約8m×14mほどで、低い石垣で囲まれています。戦いの神、繁栄の神、強運を呼び込む神クーをまつり、人身御供を捧げていたこともあったようです。動物のほかにも、罪を犯した人や、カプを侵した人や、戦いで負けた人を殺して神にささげていました。

近年になってハワイの文化復興運動がさかんになり、昔ながらのヘイアウを保存しようとする活動が行われるようになりました。このホロホロクー・ヘイアウも、きれいに整備され、維持管理されています。

【MEMO】
カウアイ島東部にあるワイルア川沿いの580号線を山のほうへのぼっていくと、左手にあります。

123 ポーハク・ホオハーナウ&ポーハク・ピコ
Pōhaku Hoʻohānau & Pōhaku Piko

ポーハク・ホオハーナウとポーハク・ピコは、カウアイ島東部、ワイルア川に平行するクアモオ・ロード沿いにあります。この道はヘイアウ、聖なる石、滝が並ぶ聖地ロードと呼べるでしょう。

写真ではわかりにくいのですが、四角い石垣の囲いの左側にある小さめの石がポーハク・ホオハーナウです。この石はバースストーンとして知られています。昔は、王族の女性がここで出産をしました。ここで生まれた子どもは、位の高い王族とされたそうです。

そして後方にある大きめの岩がポーハク・ピコ。ピコとは臍の緒という意味。ハワイアンにとって臍の緒はとても大切なもので、子どもの将来を左右すると考えられていたそうです。例えば、もしネズミに捕られてしまったら、将来その子どもは泥棒になると考えられました。そのため臍の緒は特別な場所に隠したのです。

ここは道路沿いにあり、車で行きやすい場所ですので、カウアイ島を訪れたらぜひ出かけてみてください。王族だけが出産することを許されたといわれる神聖な場所です。少し離れたところから見学させてもらいましょう。

【MEMO】
カウアイ島東部にあるワイルア川沿いの580号線を山のほうへのぼっていくと、左手にあります。

124 ポリアフ・ヘイアウ
Poliahu Heiau

　カウアイ島のワイルア川沿いにあるこのヘイアウは、とてもよい状態で保存されています。いつ何の目的で造られたのかは不明で、17世紀〜18世紀に使われていたようです。一般的にヘイアウは、チーフが変わるたびに拡張されます。現在までポリアフ・ヘイアウという名前だけが伝えられているそうですが、ポリアフといってもハワイ島マウナケアに住む、雪と氷の女神ポリアフのことなのかどうかもはっきりと分かりません。

　伝説によれば、このヘイアウはメネフネが造ったと言われています。美しく整った石垣もメネフネたちが協力しながら積み上げていったのかもしれませんね。

　このヘイアウはかなり大きなものです。ハワイでは、大規模なヘイアウはたいてい戦いの神クーに捧げられたルアキニ・ヘイアウであることが多いので、このポリアフ・ヘイアウでは人身御供をクーに捧げていたのだろうと考えられています。

【MEMO】
カウアイ島東部にあるワイルア川沿いの580号線を山のほうへのぼっていきます。
ホロホロクー・ヘイアウを過ぎてさらにのぼっていくと左手にあります。

Hawai'i

Maui

Moloka'i

Lāna'i

O'ahu

Kaua'i

神話

125 ノウノウ
Nounou

　この巨人の寝姿に見える山は、ハワイ語ではノウノウ、英語ではスリーピングジャイアントと呼ばれています。カウアイ島は島が古いせいか、ほかの島にはない独特な雰囲気が感じられますね。巨人と小人の伝説が伝えられているところもユニークです。

　ノウノウにまつわる話を2つご紹介します。

　ひとつは巨人プニの話です。プニは山に薪を取りにいき、疲れて眠ってしまいました。その間に、オアフ軍のカヌー艦隊が攻めてきたので、迎え撃たなくてはならないと小人のメネフネたちがプニを起こしたのですが、プニはぐっすり眠ったまま起きません。

　そこでメネフネたちはプニに石を投げて起こそうとしました。メネフネたちがつぎつぎに石を投げると、石はプニのお腹で跳ね返って海のほうへ飛んでいき、なんとオアフ軍を撃退したのでした。

　それを見て大喜びしたメネフネがプニのほうを振り返ると、プニはメネフネが投げた石のひとつを吸い込んで喉に詰まらせて死んでいました。そして今でも、そのままの姿で横たわっているということです。ノウノウとはハワイ語で「投げる」という意味です。

　もうひとつは、ノウノウという食いしん坊の話があります。昔むかし、赤ん坊のような泣き声を上げる魚がいました。漁師たちは、その魚は自分たちの祖先だと考え、村に持ち帰ってポイ(ハワイアンの主食)を与えました。

　その魚はどんどん大きくなり、巨大な男の子になりました。ノウノウと名付けられた男の子は、ポイをもらえないと大泣きするので、どんどんポイが与えられます。そしてとうとうお腹がいっぱいになり、横になって眠りにつきました。そのままノウノウは何百年も眠り続けているということです。

ハワイの有名なクニヒ・チャントの中にも登場します。ぜひカウアイ島に行ったら眺めてみてくださいね！

【MEMO】
場所はワイルア川の北にあります。リフエから56号線を北上、ワイルア川を渡ってしばらくいくと左手の山に見える。

Hawai'i

Maui

Moloka'i

Lāna'i

O'ahu

Kaua'i

◎ 神話コラム　巨人ハーウプとポーハク・オ・カウアイ

　カウアイ島の南東部にハーウプという巨人がいました。身体は大きいのですが、気が小さくて、とても神経質でした。そのため村の中で生活するよりも、ひとりにさせておいたほうがいいと判断したチーフは、ハーウプを山の上で、オアフ島から敵が攻めてこないか見張りをさせることにしました。

　山の上で見張り番になったハーウプは、ずっとオアフ島のある東の海を眺めていました。万が一眠ってしまったら大変だと思い、一睡もすることができません。

　そんなある夜、いつものように東の海を見張っていると、遠くオアフ島のあたりにいくつもの灯りがあることに気付きました。
「オアフ軍が攻めてきた！」

　そう思ったハーウプは崖まで走っていくと、大きな岩を持ち上げて思いっきり敵めがけて投げました。

　一方、オアフ島の最西端の岬の沖では、カエナというチーフが家来たちと一緒に夜釣りに出ていました。彼らは松明を掲げて、魚を網に追い込むという漁をしていたのです。

　そこに突然、ハーウプが投げた大きな岩が落ちてきて、カエナたちのカヌーは粉々に破壊され全員が死んでしまいました。

　それ以来、オアフ島の最西端にあるこの岬はチーフの名前をとってカエナ岬と呼ばれるようになりました。ハーウプが投げた大きな石の一部は、今でもカエナ岬のすぐ沖に見ることができ、ポーハク・オ・カウアイ（カウアイの石）と呼ばれています。

Hawai'i

Maui

Moloka'i

Lāna'i

O'ahu

Kaua'i

神話

126 マニニホロ洞窟
Maniniholo Dry Cave

　マニニホロ洞窟はとても大きな洞窟で、奥は200m以上あるといわれています。下は砂地で、奥に行くほどだんだんと天井が低くなりますが、ずっと先まで続いているそうです。

　この洞窟にはつぎのようなメネフネにまつわる伝説があります。

　昔むかし、メネフネたちは魚をたくさん捕まえて、この洞窟に貯蔵していました。ある時、保存していた魚を、洞窟の奥深くにいる悪霊に全て盗まれてしまいました。メネフネのリーダー、マニニホロは悪霊を退治する計画を立てます。この洞窟は反対側の山まで通じていたので、ふた手に分かれて両側から穴に入り、悪霊を挟み撃ちにするという計画です。

　早速、メネフネたちは両側から攻め込むと、洞窟の奥に隠れていた悪霊たちがつぎつぎと現れました。メネフネたちは悪霊たちを槍で突いて倒していき、とうとう穴の中央でふた手に分かれていたメネフネが出会いました。悪霊を全て倒したということです。

　それ以降、メネフネたちの魚は盗まれることがなくなりました。そしてメネフネのリーダーの名前をとって、この洞窟はマニニホロと名付けられたということです。

【MEMO】
リフエから56号線を北上。さらに西へ向かい、やがてハナレイ・ビーチを過ぎると、ハーエナ・ビーチ・パークが現れます。その向かい側にあるのが、マニニホロ洞窟です。道路沿いにあるのですぐに見つけられます。

127 ワイカナロア洞窟
Waikanaloa Wet Cave

　ワイカナロア洞窟は中に水がたたえられているウェット・ケーブ（水の洞窟）。「カナロアの水」という名前がつけられています。

　この洞窟にはペレにまつわる話が伝えられています。

　ペレはカヒキからハワイへやってきました。ペレは火山の女神ですから、聖なる火を燃やし続けることのできる深い穴が必要でした。そこでハワイ諸島を西から順に旅をして永住できる深い穴を探します。ニホア島、ニイハウ島には適当な場所がなく、カウアイ島へやってきたペレは、この洞窟を見つけて、ここなら聖なる火を燃やせるかもしれないと思いました。

　ところがペレと敵対関係にあった水の女神である姉のナマカオカハイがやってきて、ペレが住もうとしたこの洞窟に大量の海水を流し込んだので、ペレはここで火を燃やすことができなくなってしまいました。こうしてペレはカウアイ島を離れて、オアフ島、マウイ島、ハワイ島へと終の棲家を求めて旅をしたということです

　ペレが旅の途中で立ち寄った場所です。カウアイ島へ行ったら、ぜひ訪れてみてくださいね！

【MEMO】
リフエから56号線を北上。さらに西へ向かい、ハーエナ・ビーチ・パークを過ぎ、さらに進むと道路沿いにあるのですぐに見つけられます。

Hawai'i

Maui

Moloka'i

Lāna'i

O'ahu

Kaua'i

神話

128 ハーエナ
Hā'ena

　カウアイ島北部ハーエナは神話の宝庫。ぜひ一度は足を運んでいただきたいところです。

　ここは火山の女神ペレと、この地を治めていたチーフのロヒアウが恋に落ちた場所。ハワイ島のペレが深い眠りにつき、体から抜け出た魂は、ロヒアウが叩いていたパフの音とチャンティングの声に導かれてこの地までやってきました。そして二人は出会い結婚しますが、やがてペレは妹を迎えによこすと言い残してハワイ島へ帰ってしまいました。

　眠りから目覚めたペレは妹ヒイアカにロヒアウを迎えに行くように命じます。ヒイアカはハワイ島から数々の困難を乗り越えて、ハーエナにやってくると、すでに亡くなっていたロヒアウを蘇生し、ハワイ島へ連れて帰ります（304ページ、神話コラム参照）。

　ほかにもナウパカの伝説の舞台でもあります（348ページ、神話コラム参照）。

　州立公園内の山にはフラの女神ラカに捧げられているカ・ウル・オ・ラカ・ヘイアウがあります。

【MEMO】
リフエから56号線を北上。さらに西へ向かって終点まで行きます。
ハーエナ州立公園を訪れるすべての人や車両は事前の予約が必要です。

https://dlnr.hawaii.gov/dsp/parks/kauai/haena-state-park/

Hawaiʻi

Maui

Molokaʻi

Lānaʻi

Oʻahu

Kauaʻi

◎ 神話コラム　ナウパカの伝説

　カウアイ島ハーエナに伝わるお話です。ナナウという青年とカパカという娘は、同じフラのハーラウに所属する仲間でもあり、深く愛し合っている恋人同士でもありました。

　それはフラのウニキ（卒業式）を明日に控えた日のことでした。ウニキの前には禁欲などさまざまなカプの期間があるのですが、二人はそのカプを破って、こっそりと浜辺で会っていたのです。そのことがクム（師匠）の耳にも伝わりました。

　ナナウとカパカは逃げました。クムは、カプを破ったふたりを絶対に許さないと、鬼の形相で後を追ってきます。このままでは捕まってしまうと考えたふたりは、ふた手に分かれて逃げることにしました。

　ナナウはすばやく山のほうへ逃げ、カパカは浜辺の洞窟に隠れました。クムは、迷わずナナウを追いかけていきました。このままではナナウが捕まってしまうと思ったカパカは、洞窟から飛び出して、クムの前に立ちふさがったのです。怒りに狂ったクムは、必死に許しを乞うカパカを殺してしまいます。そして山を登ってナナウも殺してしまいました。

　カパカの亡くなった浜辺には、黄緑色の厚手の葉の間に、半分からちぎられたような白い小さな花が咲きました。そしてナナウの亡くなった山には濃い緑色の葉の間に、同じように半分からちぎられたような白い花が咲きました。

　この植物はふたりの名前をとって「ナウパカ」とつけられました。浜辺に咲くほうはナウパカ・カハカイ（ビーチ・ナウパカ）と呼ばれ、山に咲くほうはナウパカ・クアヒヴィ（マウンテン・ナウパカ）と呼ばれます。

[神話]

129 メネフネ・ディッチ
Menehune Ditch

　メネフネ・ディッチとは、メネフネの水路のこと。文字通り、メネフネが造ったと伝えられています。ハワイ語でキーキーアオラ。オラというチーフが、メネフネのリーダー・パパエナエナに頼んで水路を造ってもらったという話があります。メネフネたちはたった一晩でこの立派な水路を造りました。この水路のおかげで、ワイメア川から豊富な水を引くことができて、これまで水不足で作物が育たなかった地域でも畑ができるようになったそうです。

　今でもメネフネ・ディッチに水が流れているのを間近で見ることができます。ここで注目していただきたいのが、ほかの場所では見られない高い技術力です。水路の道路側の石垣は、ただ石を積み重ねたのではなく、石を加工して組み合わされています。また、崖の中にまでトンネルが掘られているのですが、どうやって昔のハワイの技術でこれができたのか、今でも分かっていません。そんなミステリーに、ますます興味が湧いてきますね。

【MEMO】
場所はカウアイ島南西部のワイメア地区にあります。メネフネ・ロードをしばらくの
ぼっていくと、左手に小さな水路が見えます。壁面に「Menehune Ditch」の案内板が
あります。

Hawai'i

Maui

Moloka'i

Lāna'i

O'ahu

Kaua'i

神話

130 ワイメア渓谷
Waimea Valley

　カウアイ島に行ったら一度は訪れていただきたいのがワイメア渓谷です。カウアイ島は世界有数の雨の多いところ。山をどんどんのぼっていき、緑豊かなジャングルを経て、標高約1000mのワイメア渓谷州立公園に行くと、風雨と川に削られた「太平洋のグランドキャニオン」が広がります。ここが島であることを忘れてしまうほどです。

　火山活動が活発なハワイ島のキラウエアを訪れたことのある方は、カウアイ島のワイメア渓谷にやってくると、島が生まれて成長し、そして浸食された風景を見て、何百万年という気の遠くなるような長い年月を肌で感じることでしょう。

　道の途中にいくつか展望台がありますが、さまざまな角度から渓谷を堪能できます。その中のひとつ、プウ・カ・ペレ展望台のあたりはメネフネが住んでいる場所なのだそう。それは諺でも伝えられています。『Wawā ka menehune i Pu'ukapele ma Kaua'i, puoho ka manu o ka loko o Kawainui ma O'ahu』（カウアイ島のプウカペレのメネフネが叫ぶと、オアフ島のカワヌイ・マーシュの鳥が驚く）。とても騒々しいメネフネたちを表しています。

　その先のコケエ州立公園にはさらに手付かずの大自然が広がっています。そこからさらに何時間もトレイルを歩いた奥に、秘境、大湿原アラカイ・スワンプがあります。流れ込む川もなく、世界有数の降雨量を誇る場所だからこそ存在する天空の大湿原。

　実はこの秘境に、カメハメハ4世の王妃エマが訪れたというから驚きです。1871年、エマ王妃は馬に乗り、付き人、フラダンサー、ミュージシャンなど総勢100名を引き連れてアラカイ・スワンプへ旅をしました。途中、渓谷の眺めがすばらしい開けた場所にくると、エマ王妃はその自然の美しさを称えるために2時間もフラを躍らせたそうで

す。王族ならではのエピソードですが、それにしてもトレイルなど整備されていない当時、どうやって湿地帯を100人もの人たちが旅をしたのでしょうね。

　ハワイの中でも古い歴史を持つカウアイ島。その中にある人を寄せ付けない秘境をほんのわずかでも垣間見ることのできるワイメア渓谷に、足をのばしてみてください。

【MEMO】
ワイメアの町から550号線で山にのぼっていくルートと、ケカハの町からコケエ・ロードをのぼっていくルートがあります。2つの道は途中で合流し、ワイメア渓谷州立公園へ。さらに道の終点まで進むとコケエ州立公園に到着。道は舗装されていますが、アップダウンがあります。運転に自信のない方はツアーガイドと一緒に行くことをおすすめします。

◎ 神話コラム　ノヒリのバーキング・サンズ

　昔むかしのお話です。カウアイ島西部に広がる砂浜の近くにノヒリという男が9匹の犬と一緒に暮らしていました。9匹の犬たちはそれぞれ大きさも毛色も異なっていましたが、どの犬も声を発することができず、必要なときにクンクンと鼻を鳴らすか、低く唸り声を出すだけでした。

　ノヒリは毎日漁に出ては、捕れた魚の一部を神様に捧げると、あとは犬たちと自分の食べる分だけ残し、そのほか全てを村に持っていって、主食のポイやタパ（樹皮布）などと交換しました。何年もの間、このような生活を送っていました。

　ある日のことです。ノヒリは漁に出るために朝早く起きて、いつものように砂丘に立てられた3本の杭に犬を3匹ずつつなごうとしました。漁のあいだ、犬たちと少しでも近くにいられるようにしていたのです。ところがその日に限って犬たちはまったく言うことをきかず、なかなか動こうとしません。
「どうしたんだ。言うことを聞いておくれ。漁にでなければ、夕飯にありつけないぞ」

　ノヒリはやっとのことで9匹の犬を杭につなぎました。

　カヌーで海に出たのは、いつもよりもずっと遅い時間でした。言うことを聞かない犬たちに、ノヒリは腹を立てていて、空を見上げることも忘れて、猛烈な勢いで沖へとカヌーを漕いでいきました。
「あいつらのせいで、遅くなっちまった」

　ノヒリは怒りにまかせてどんどんと漕いでいくと、島影が見えなくなるほど遠くまで来ていました。ふと顔をあげたノヒリは、何かが違うと感じました。風がそよとも吹いていません。海面はまるで鏡のように静かです。そこではじめて空を見上げ、不気味な黒い雲が迫っているのに気づいたのでした。

354

「嵐だ！」

　その瞬間、ノヒリは犬たちが、自分が漁に出るのを止めようとして
くれていたのだと気づきました。ノヒリは必死に島に向かって漕ぎ
はじめましたが、嵐のスピードにはかないません。間もなくあたりは
暗くなり、強い風が吹きつけ、海は大きくうねり、雨が激しく降り出
しました。ノヒリは転覆しないようにカヌーの舳先を波に向け、無我
夢中でカヌーにたまった水をかき出し続けました。

　どれほど時間がたったのか分かりません。遠くから何かが聞こえ
てきました。動物の鳴き声のようです。ノヒリはそれが自分の犬た
ちだと直感しました。その声に導かれるようにして、ノヒリは最後の
力を振り絞って漕ぎ続けました。

　すでに夜になっていました。突然、カヌーががくんと衝撃を受けて
大きく揺れました。浜に乗り上げたのです。

「助かった……」

　ノヒリはカヌーから下りると、そのまま砂浜に倒れ込みました。

　朝になり、ノヒリは目を覚まし、体の痛みをこらえて起きあがりま
した。そこは自分がよく知っている浜辺でしたが、その様子は一変し
ていました。木々や草が倒れ、砂丘の高さも変わっています。

「犬たちは、どうした！」

　ノヒリはようやく自分の身に起きたことを理解して、助けてくれた
犬たちをつないだ杭の場所へ急ぎました。遠くから犬の吠える声が
聞こえてきます。けれども耳をすまそうとして立ち止まると、犬の鳴
き声も止まりました。そして再び歩くと、また鳴き声がします。

　杭のところには、犬たちの姿はありませんでした。砂丘には３本の
杭の頭の部分だけが出ていて、そのまわりに輪の形をした跡がある
だけでした。嵐がやってきたとき、犬たちはご主人様を心配して杭
のまわりをぐるぐると回りながら、出ない声を振り絞って吠えて知ら
せたのでした。そのためにどんどん砂が掘られていって、犬たちは

Hawaiʻi

Maui

Molokaʻi

Lānaʻi

Oʻahu

Kauaʻi

砂の中に埋まってしまったのです。

　カウアイ島最西端のポリハレという場所には、バーキング・サンズ（吠える砂浜）と呼ばれる場所があります。ノヒリの犬たちの鳴き声が砂の中から聞こえるのだと伝えられています。

◎ 神話コラム　パフの由来

　昔むかし、カウアイ島にモイケハという年老いたチーフがいました。彼は自分の死期を悟り、生きているうちに遠く離れたタヒチで暮らしている息子ラアマイカヒキに一目会いたいと思うようになったのです。そこでモイケハは年長のキラにラアマイカヒキを連れてくるように命じました。

　キラはさっそく旅の準備を整え、タヒチに向かいました。タヒチに着いたキラは、いろいろな人に聞き回り、ラアマイカヒキが森の奥にあるヘイアウを守っていることを突き止めました。

　そのヘイアウには、一人の男性が太鼓を叩いていました。キラはじっと待ち続けていると、やがてその男は太鼓を叩く手を止めると、キラのところへやってきました。

「お前は誰だ？」

　キラはこたえました。

「わたしはカウアイ島のモイケハの息子キラです。父の命により、ラアマイカヒキを迎えにやってきました」

　その男性が言いました。

「わたしがラアマイカヒキだ」

　キラはやっと兄に会えてほっとしました。そして父の具合が悪いこと、そして死ぬ前にどうしても息子に会いたいと言っていることを告げました。

　ラアマイカヒキは、ためらうことなくカウアイ島へ行くことに同意しました。そして数日後、旅の準備ができたラアマイカヒキは、かつて父親がこのヘイアウで叩いていたパフ（太鼓）を携えてタヒチを出発しました。

　二艘のカヌーは何日もかけて航海を続けました。ようやくカウアイ島が見えるところまでやって来ると、ラアマイカヒキはカヌーの上

Hawai'i

Maui

Moloka'i

Lāna'i

O'ahu

Kaua'i

でパフを叩きはじめたのでした。
「ああ、懐かしい音だ」
　カウアイ島で、キラの帰りを待っていたモイケハは、かすかに聞こえるパフの音に気づきました。そしてモイケハは、息子ラアマイカヒキとの再会を果たすことができました。こうしてハワイにパフが伝えられたということです。

◎ 神話コラム　伝説のナヴィゲーター・マカリイ

　昔むかし、伝説の国にハワイロアという航海士がいました。彼はいつも遠くまで漁に出かけました。時には何カ月もの間、海に出たまま帰らないということもありました。

　ハワイロアのカヌーには、マカリイという、星に関して豊富な知識を持つ優れたナヴィゲーターが乗っていました。

　ある時、マカリイのアドバイスに従ってカヌーを東へ東へと進めてみたところ、ココナツやアヴァが生い茂る豊かな島に到着しました。それがハワイだと言われています。

　ハワイを発見したハワイロアやマカリイは、いったん故郷に戻りますが、あらためて一族を連れてハワイに移住したのでした。

　その後、マカリイはカウアイ島に移り住み、チーフになったという話も伝えられています。星の動きに精通していたマカリイは、その知識を農業に活かしました。いつ作物を植えればいいのか、いつ収穫をしたらいいのかを予測することができたからです。そのため優れた預言者だとも言われました。

Hawaiʻi

Maui

Molokaʻi

Lānaʻi

Oʻahu

Kauaʻi

◎ 神話コラム　クムリポ

　クムリポとは、カラーカウア王の家に代々伝わる創世チャントのことです。この世の起源、さまざまな生物の誕生、神々や人間の登場を伝える2102行にも及ぶ長い長いチャントです。それはさながらダーウィンの進化論のごとく、海の小さな生物から陸の動物、そして人間が登場するという過程をたどります。

　1889年、カラーカウア王は門外不出だったクムリポを公にしました。それはハワイ語で書かれ、「カラーカウア・テキスト」と呼ばれます。さらにリリウオカラニ女王が退位して一般市民となった後、1897年にボストンでクムリポの英訳を発表しました。ハワイ王国は滅亡してしまいましたが、ハワイは元々どのようにしてできたのか、そして誰が正しい王の血筋なのかを世の中に示したのです。

　クムリポは全部で16段階あり、大きく夜の時代と昼の時代の2つに分かれています

【第1段階】
そのとき大地が熱くなった
そのとき天がひっくり返った
そのとき太陽がかげった
光が射すように
そのときマカリイの夜がはじまった
どろどろとしたものが生まれ、大地を創った
まっ暗な闇の源
深い闇、深い闇
太陽の闇、夜の闇
夜だ
そして夜が生まれた

この冒頭部分はとても有名です。この世は、すべての源である夜の闇の世界ポーからはじまります。まっ暗な中でどろどろとしたものが生まれて大地が創られ、サンゴ、ヒトデ、ウニが登場します。

　【第2段階】サメ、ウナギ、ボラなどの魚や海洋動物が出現します。

　【第3段階】大地にハワイアンの主食となるタロが登場しました。イモムシ、チョウ、トンボなどの昆虫やプエオ、コレア、オオなどの鳥も出現します。

　【第4段階】ウィリウィリ、オへなどの植物のほかに、クモ、カメ、ロブスターなどの地を這う物が生まれました。

　【第5段階】ブタが登場します。作物が実り、神に捧げるブタが育てられるようになったことが分かります。さらに多種多様な人種があらわれたと続きます。まだまだ夜の時代は続きます。

　【第6段階】さまざまな種類のネズミが登場しました。

　【第7段階】黄色い犬、小さな犬、毛のない犬、生贄に捧げられる犬が登場しました。

　【第8段階】祖先の男女と、カネとカナロアが生まれました。

　そして昼の時代となりました。その直後にパフが登場します。

　【第9段階～第12段階】女性ライライがどんどん子どもを産んでいきます。それとともに争い、怒り、嫉妬などが生まれました。

　【第13段階（12段階の枝）】ハウメアからたくさんの子どもが生まれたと歌われています。さらにパパとワーケアが登場し、タロイモとハワイアンの祖先が生まれます。

　【第14段階】どんどん子孫が増えていきます。さらに星座の名前がいくつも連なり、最後にヒナが登場します。

　【第15段階】マウイが登場し、さまざまな冒険を繰り広げます。

　【第16段階】マウイと妻ヒナケアロハイラとの間に子どもが生まれ、つぎつぎと子孫が増えていきます。そして代々の王と妃の名前が続きます。

最後に「ロノ・イ・カ・マカヒキ王子に捧げる」と締めくくられ、長いチャントが終わります。

◎ 歴史コラム　カイウラニ王女

　「美しい悲劇のプリンセス」と形容されるカイウラニ王女。その美しさは、誰もが認めるところです。また、「日本の皇族と結婚したかもしれないプリンセス」としても知られています。カラーカウア王が世界一周の途中に日本に立ち寄り、密かに明治天皇に謁見して山階宮定麿王とカイウラニ王女（当時5歳）との縁談を申し入れた話は有名です。

　カイウラニ王女（1875年10月16日～1899年3月6日）はホノルルで生まれました。ちょうど前の年に、カラーカウアが王に就任した年です。母親はカラーカウア王の妹リケリケ王女。父親はスコットランド出身の商人クレグホーン。生まれながらにして王位継承権を持ち、プリンセスとして何一つ不自由なく育てられました。聡明で快活でしたが、実母の死などに直面し、どこか憂いを帯びた少女に成長しました。

　『宝島』『ジキル博士とハイド氏』で有名なスコットランド人作家、スティーブンソンがハワイに滞在中に、二人はしばしば、王女の自宅アイナハウの庭園にある石のベンチに座って本の話をしていたというエピソードが残されています。

　カイウラニ王女は王位継承者として十分な教養を身につけるために、カラーカウア王の命によりイギリスに留学します。それは国内に漂う不穏な空気から彼女を遠ざけるという意味もありました。王女が13歳のときでした。当初は1年間の留学のはずが、結果的に8年間も祖国に帰ることができなくなるとは、このときは夢にも思わなかったでしょう。

　1891年、カラーカウア王が療養先のサンフランシスコで亡くなり、ただちに叔母のリリウオカラニが即位。カイウラニ王女は王位継承権第一位に指名されます。刻々と変わる政局、そして誰よりも頼り

Hawaiʻi

Maui

Molokaʻi

Lānaʻi

Oʻahu

Kauaʻi

にしていたカラーカウア王の崩御。リリウオカラニ女王からは、なかなか帰国の許しをもらえません。王女は遠く離れたイギリスでじりじりとした気持ちで毎日を送っていました。自分に与えられた使命、つまり次期女王として必要な教養を身につけることに専念するしかありませんでした。そのおかげで、どこに出ても恥ずかしくない立派なレディーとなりました。

　1893年、ようやくリリウオカラニ女王から帰国が許された矢先、事態は急変します。リリウオカラニ女王が廃位し、ハワイ王国が滅亡したという絶体絶命の危機に直面したのです。

　知らせを受け取ったカイウラニ王女は、すぐに行動に移しました。もはや誰かの指示を待っている場合ではありません。キーパーソンはアメリカ大統領。一刻もはやく正しい情報を大統領に伝え、ハワイ王国の復活を直訴するしか手はないのです。ハワイ王国転覆を策略した白人中心の王権反対派が、先にワシントン入りして自分たちに有利な情報を伝えてしまったら、ハワイ王国が復活する可能性は閉ざされてしまうでしょう。

　カイウラニ王女はすぐさまロンドンの新聞に、自分の立場とハワイ王国の正当性を訴える声明文を発表し、海を越えてワシントンへと向かいました。このことを知ったアメリカの記者たちは、誰が一番はやくワシントンへたどりつけるかと、こぞって新聞にかきたてたのです。

　ニューヨークの港には、大勢の記者が待ち構えていました。そこに現れたのは、野蛮な未開の地ハワイというイメージとはかけ離れた、洗練された上品で美しいプリンセスでした。口をあんぐりさせている記者たちに向かって、カイウラニ王女は美しいクイーンズ・イングリッシュで、ハワイ王国が不当に転覆させられたこと、そして自分の立場についてスピーチしたのです。その場にいた誰もがそのスピーチに感動し、称賛し、その主張の正しさを新聞でとりあげました。

王女は一躍時の人となり、どこにいっても大人気でした。アメリカの世論を味方につけることに成功したのです。

　ちょうどクリーブランド新大統領が就任するときでした。カイウラニ王女の目的は、大統領にハワイ王国の復活を直訴することです。けれどもプライベートで訪米しているかぎり、勝手に会いにいくわけにもいきません。王女はメディアに登場し、国民の支持を集めながら、チャンスが巡ってくるのを待ちました。

　そんなある時、とうとうクリーブランド大統領からプライベートな食事会の招待状が届いたのです！　食事の席では政治の話はいっさいありませんでしたが、帰り際に、大統領はハワイ王国転覆が正当だったのかどうかを調べる約束をしてくれました。大統領から食事に招待されたカイウラニ王女は、ますますアメリカで支持され、新聞でももっぱら好意的な記事が掲載されました。こうしてカイウラニ王女は、できるかぎりの務めを果たして、イギリスへ戻ったのです。このとき王女は、18歳でした。

　一時は、クリーブランド大統領もハワイ王国復活を認める立場をとり、事態は好転したかのように思われたのですが、リリウオカラニ女王が転覆に携わった人々に対する恩赦を拒否し続けたために、話はこじれてしまいました。ハワイ王国転覆を計ったハワイ暫定政府は、「ハワイ王国」を樹立。その後、ハワイは坂道を転げ落ちるかのように、アメリカとの併合へ向かっていきました。

　無念にも、ハワイがアメリカと併合されることを知ったカイウラニ王女は、自らの意思で祖国へ帰る決断をしました。ハワイを発ってから、8年が過ぎていました。

　ハワイに戻ったカイウラニ王女は、併合後もなお、あきらめることはありませんでした。ハワイの人々の参政権の確保や、王室の所有地の返還のためにできるかぎりの力を尽くしたのです。

　1899年、ハワイ島で風邪をこじらせたことが原因で、わずか23歳

Hawai'i

Maui

Moloka'i

Lāna'i

O'ahu

Kaua'i

という若さでこの世を去りました。そのとき彼女が愛した白い孔雀たちは一晩中鳴きやまなかったと言われています。ハワイ最後の希望の星が消えた夜でした。

◎ 歴史コラム　　日本人移民

　日本人にとってハワイは、外国とは思えないほど身近で親しみやすいところでしょう。わたしたちがハワイで快適に過ごすことができるのは、もちろんハワイの人々、自然、文化のおかげです。そこでもうひとつ日本人として忘れてはならないのが、日系移民のみなさんの存在です。日系人のみなさんの想像を絶する苦労の歴史と、ハワイの政治・経済・文化への大きな貢献があるからこそ、わたしたちはハワイに温かく迎え入れてもらえるのです。日系移民の歴史は、日本人のわたしたちが後世に伝えていかなくてはなりません。今回は、ほんの一部となりますが、日系移民の歴史をご紹介します。

　1868年（明治元年）、日本からハワイへ153名の集団移民がはじめてハワイに上陸しました（元年者）。1885年（明治18年）、明治政府とハワイ王国との契約によって、最初の日本人官約移民945人がオアフ島ホノルル港に到着。以来、1924年に米国の法律で日本人移民が禁止されるまでの間に、日本からハワイへ渡った移民は約3万人にも達しました。

　当時のハワイは、ガスや石油が鯨油に取って代わられて捕鯨産業が衰退、そのため経済を立て直すためにサトウキビ産業に力を入れていました。ところが労働力不足のために、中国、ポリネシア地区、ポルトガル、フィリピンなどから労働者を移住させていました。

　1881年、カラーカウア王が世界一周の旅で日本に立ち寄ったときに、明治天皇に日本人移民の約束をとりつけました。

　そのころの日本は西南戦争（1877年）で財政難に陥っていました。物価は高騰、追い打ちをかけるように冷害や不漁が続き、不況のために仕事はなく、庶民の生活は非常に厳しいものでした。

　日本は正式にハワイ王国と移民契約を結び、つぎのような宣伝文

Hawai'i

Maui

Moloka'i

Lāna'i

O'ahu

Kaua'i

句を掲げて、全国から移民を募りました。

『ハワイは一年中気候がよく、住み良い働きやすい国

ハワイへ行けば、三年間の労働で大金を手にして帰れる』

　家の食いぶちを減らすために、大勢の農家の次男坊や三男坊が、一攫千金を夢見てハワイ行きに応募したのです。

　移民の人たちが、いざハワイへ着いてみると、サトウキビ・プランテーションでの生活は、宣伝文句とは大違い。想像を絶するものでした。

　まずは荒れ放題で痩せた土地を耕すことからはじまりました。灼熱の太陽の下、長時間労働を強いられました。労働者は無料で住居を支給されましたが、家とは名ばかりの掘っ立て小屋で、調理するにも外に穴を掘って薪を燃やして行うという粗末なものでした。

　給金も安く、さらに農園内の売店で購入する生活必需品の代金を差し引かれるために、毎月手元に残るお金は微々たるものでした。官約移民の契約は、1カ月のうち26日間、農地では1日10時間、砂糖工場では1日12時間の労働で、男性は月給9ドルと6ドルの食料補助、女性は月給6ドルと4ドルの食料補助、3年間という内容でした。わずかに残ったお金を貯めて、祖国に送金したり、万屋の開業資金にしたのです。

　プランテーション社会は、白人オーナーを頂点に、ついでルナと呼ばれる白人やポルトガル人の監督官、各国の人々からなる機械工などの技術労働者、最下層に日本人の労働者というピラミッド構造になっていました。日本人移民は、常にルナに監視され、時には鞭を振るわれるという酷い扱いを受けていたのです。

　四季のないハワイで、延々とつづく長時間労働という単調な毎日に、ホームシックにかかる日本人も多かったといいます。ストレス発散のために酒や博打にはしる者や、圧倒的に女性が少ないことからいかがわしい売春に関わる者もいました。これならば日本にいたほ

うがまだましだったと思う人も多かったそうです。

　３年間の契約を終えた人は、日本に帰るか、新しい生活を求めて米国本土へ渡るか、ハワイに残って万屋などの店を開くという選択技がありました。初期の移民の人たちの75%は、日本に帰るか米国本土へ移住していったそうですが、ハワイでの日本人の人口が増えるにしたがって、日本人相手の商売を行う者も現れ、ハワイに定住する人も多くなりました。独身男性のための洗濯や食事の世話をする者、わずかな場所に野菜を作って売る者、豚を飼育して売る者、生活雑貨店、床屋、食べ物屋を営む者も出てきたのです。コツコツとコーヒー栽培に従事する者もあらわれました。

　1900年代に入ると、労働環境への改善を求めるストライキを行ったおかげで、日系移民の生活もだいぶ改善されました。日本人の心の拠り所となる寺や神社が建立され、相撲大会や盆踊りなどの娯楽も行われるようになりました。各地に日本人学校が急速に増えていき、日本語新聞も発行されました（1892年）。

　1898年にハワイが米国に併合されると、契約労働を禁止している米国の法律が適用されることを予期して、ハワイでは急いで多くの日本人労働者を呼び寄せるように。この期間だけで、ハワイでの日本人の人口が２倍になったそうです。こうして急速に日本人が増えたことで、日本人と日本の文化がハワイの土地に溶け込んでいったのでした。

128 127

カララウ展望台

130

ポリハレビーチ

ワイメアキャニオン

129
ワイメア

ハナペペ

Hawai'i

Maui

Moloka'i

Lāna'i

O'ahu

Kaua'i

キラウエア灯台

ナレイ

カパア

123,124

125

ワイルア滝
119

120
シダの
洞窟

121,122

リフエ

118

コロア

ハワイ年表

300 〜 500 年頃　マルケサス諸島から移住

900 〜 1000 年頃　タヒチから移住

1758 年頃　　　　カメハメハ大王誕生

1778 年　　　　　キャプテン・クック来航

1795 年　　　　　カメハメハ大王ハワイ王国建国

1810 年　　　　　カメハメハ大王がハワイ全島を統一

1819 年　　　　　カメハメハ大王死去。2 世即位。

1824 年　　　　　カメハメハ 2 世死去。3 世即位。

1854 年　　　　　カメハメハ 3 世死去。

1855 年　　　　　カメハメハ 4 世即位。

1863 年　　　　　カメハメハ 4 世死去。5 世即位。

1864 年　　　　　王権を復活させる新憲法を公布

1872 年　　　　　カメハメハ 5 世死去。カメハメハ王朝の終焉。

1873 年　　　　　ルナリロ王即位。

1874 年　　　　　ルナリロ王死去。カラーカウア王即位。

1881 年　　　　　カラーカウア王世界一周旅行の途中、日本を訪問。

1883 年　　　　　カラーカウア王によりフラが解禁になる

1891 年　　　　　カラーカウア王死去。リリウオカラニ女王即位。

1893 年　　　　　リリウオカラニ女王、王位を退く。

　　　　　　　　　ハワイ王朝の終焉。

1898 年　　　　　ハワイがアメリカに併合。

1959 年　　　　　ハワイが米国 50 番目の州に。

用語集

アヴァ：植物アヴァの根を水に浸して潰し、漉して作る飲み物。リラックス効果がある。儀式でも使う。

アウマクア：個人や家族を守る守護神。

アフプアア：ハワイの土地区分。山の山頂から海まで、川を中心にした三角形の土地。

アリイ：王族。

イム：地面に穴を掘って作ったオーブン。焼いた石の上に食べ物を置き、土をかけて蒸し焼きにする。

カヒキ：神話の中で神々が住むといわれている国。

カフナ：特別な技術を持った専門家。特に神に祈りを捧げたり、魔術や医術を行う人。

カプ：神聖なので侵してはならないこと。タブー。

キイ：木彫りの像。

クーウラ・ストーン：漁の神クーウラを祀った石。

クーの夜：ハワイの月の暦には毎夜、名前が付けられている。そのうちのひとつの名前。

コナネ：チェスのような昔のハワイのゲーム。

タパ：木の皮から作られた樹皮布。

ナヴィゲーター：星や自然のサインを読んでカヌーを導く人。

フィッシュポンド：養魚場。

ヘイアウ：神を祀る神殿。

マカヒキ：毎年 11 月ごろから 4 か月ほど続く祭り。昔は全ての戦いや仕事を中止して、スポーツやゲームをして過ごした。

メネフネ：神話に登場する集団で生活する小人。昼は山の中で過ごし、夜になると山から下りてきて仕事をし、朝になる前に山に帰る。

ラナイ：ベランダやバルコニーのこと。

モオ：神話に登場するトカゲの姿をした怪物。

ルアキニ・ヘイアウ：戦いの神に生贄を捧げる神殿。

聖地リスト

マウイ島……95 ページ

参考文献

A History PELE VOLCANO GODDES of Hawai'i / H. Ario Nimmo / McFarland & Company, Inc. Publishers

Ancient Site of Hawai'i / Van James / Mutual Publishing

Ancient Site of Kaua'i / Van James / Mutual Publishing

Ancient Site of Maui, Moloka'i and Lanai / Van James / Mutual Publishing

Ancinet Site of O'ahu / Van James / BishopMuseium Press

Folktales of Hawaii / Mary Kawena Pukui with Laura C.S.Green / Bishop Museum Press

Hawaiian Mythology / Martha Beckwith / University of Hawai'i Press

Hawaii Island Legends, Pele Pikoi, and Others / Mary Kawena Pukui, Caroline Curtis / Kamehameha School Press

Kamehameha the Great / Julie Stewart Williams / Kamehameha Schools Press

Kumulipo A Hawaiian Creation Chant / Martha Warren Beckwith / University of Hawaii Press

Na Pule Kahiko, Ancient Hawaiian Prayers / June Gutmanis / An Editions Limited Book

Oahu Trails / Kathy Morey / Wilderness Press

Pele, Goddess of Hawai'i's Volcanoes / Herb Kawainui Kane / The Kawainui Press

Pele & Hiiaka A Myth from Hawaii / Nathaniel B Emerson/Edith Kanaka'ole Foundation

Place names of Hawaii / Mary Kawena Pukui, Samuel H. Elbert & Esther T. Mookini / University of Hawai'i Press

Polihale and other Kaua'i legends / Frederick Wichman / Bamboo Ridge Press

Ruling Chiefs of Hawaii / S.M.Kamakau/Kamehameha School Press

Tales of Menehune / Mary Kawena Pukui, Carolline Curtis / Kamehameha School Press

The epic tale of Hi'iakaikapoliopele / Ho'oulumahiehie & Nogelmeier / Awalaulu

The Legend of La'ieikawai / Dietrich Varez / University of Hawaii Press

The Legends and Myths of Hawai'i / Kalakaua / Mutual Publishing

The Hawaiian Kingdom 1 / R.S.Kuykendall / University of Hawai'i Press

The Water of Kane and Other Legends of Hawaiian Island / Mary Kawena Pukui, Caroline Curtis / Kamehameha School Press

あとがき

　本書をお読みくださり、ありがとうございます。

　はじめてハワイに行ったときに、ハワイ神話の本を何冊か買いました。日本に帰ってきてそれらを読むうちに、すっかりハワイの神話に魅了され、ぜひ日本に紹介したいと思うようになりました。その熱い想いは今も変わりません。

　それから30年以上、ハワイに通うたびにたくさんの神話や歴史の本を買ってきては、それらの本に登場する場所を地図で確認しながら読み、つぎにハワイに行くときにその場所を巡るということを続けてきました。それを『フラレア』誌、ハワイ神話講座、ハワイの情報サイト、ハワイ神話の書籍等で伝え始めたのは2001年のこと。そして今回一冊の本にまとめることができました。本書がきっかけになって、一人でもハワイの神話や歴史をもっと知りたいと思ってくださる方が増えたら、これ以上嬉しいことはありません。

　そしてハワイを愛するみなさんの旅の一助になれば幸いです。

　本書を書くにあたっては、ハワイ州観光局の広報担当の皆さんには大変お世話になりました。ありがとうございます。

　また、今回このような機会を与えてくださった文踊社の平井幸二社長、編集の秋定美帆さん、スタッフの皆さん、また、イラストレーターのMomoko Makinoさんに心から感謝を申し上げます。

≪アンティー≫プロジェクトのアンティーのみなさんと友人のサポートに、聖地巡りを支えてくれた家族の協力に、そして愛するハワイに感謝します。ALOHAをこめて。

2021年10月

新井 朋子

新井朋子
文筆家・ハワイ神話研究家・自然療法家。
1988 年に初めてハワイを訪れたときから、ハワイの神話に魅せられ、30
年以上ハワイ神話・歴史・聖地に関する本を集め研究するようになる。
2001 年からフラとハワイの専門誌『フラレア』にハワイ神話、歴史の記事
を連載。2005 年にハワイ文化と自然療法を伝える㈲ホクラニ・インターナ
ショナルを創立。「ハワイの知恵と自然療法」をテーマに、講演、セミナー、
執筆、個人セッション、オリジナルブランド mana ＊ create など幅広く活躍。
主な著書『ハワイの神話　モオレロ・カヒコ』1 ＆ 2、『ハワイの女神〜
ペレとヒイアカの旅』『アンティー・モコ　心のモヤ玉〜大掃除！』(文踊社)、
主な翻訳書『ペレ　ハワイの火山の女神』『マナ・カード　ハワイの英知の
力』、その他共著、歌詞訳詞など多数。
新井朋子公式サイト（大人女性向け毎日ブログ更新中）
https://araitomoko.com/

神話と歴史で巡る
ハワイの聖地

2021 年 10 月 30 日　第 1 刷発行

著　　者	新井 朋子
写　　真	新井 朋子
イラスト	Momoko Makino
編　　集	秋定 美帆
印 刷・製 本	図書印刷株式会社
発 行 人	平井 幸二
発 売 元	株式会社 文踊社
	〒 220-0011　神奈川県横浜市西区高島 2-3-21　ABE ビル 4F
	TEL 045-450-6011
	info@hulalea.com

ISBN 978-4-904076-80-4